AF500044

CONDUITE POLITIQUE

ET

SERVICES MILITAIRES

DE M. FÉLIX-GASPARD

C^{TE}. DE THIEFFRIES-BEAUVOIS,

DES EMPIRES D'AUTRICHE ET D'ALLEMAGNE, ANCIEN CHEVALIER DE SAINT-LOUIS, OFFICIER SUPÉRIEUR EN RETRAITE.

À PARIS,

DE L'IMPRIMERIE ANTH^{e}. BOUCHER,

RUE DES BONS-ENFANS, N°. 34.

1825.

NOTE DE L'ÉDITEUR.

Chargé par les nombreux amis de M. le comte *De Thieffries-Beauvois* de recueillir et de publier les preuves des services qu'il a rendus à ses Princes légitimes depuis la révolution, j'ai mis toute l'attention que méritent sa noble conduite et son dévouement sans borne, à la lecture de ces preuves, dont je suis dépositaire: on y verra, comme moi, que des offres d'avancement en France et en pays étranger n'ont jamais pu déterminer M. de Beauvois à abandonner la cause à laquelle il s'était si fortement attaché. On trouvera à la fin de cet exposé deux des mémoires qui ont échappé aux fréquentes recherches faites dans ses papiers lors de ses incarcérations.

DELBARE.

CONDUITE POLITIQUE

ET

SERVICES MILITAIRES

DE M. LE C^{TE}. DE THIEFFRIES-BEAUVOIS.

LA position où se trouve M. le comte de THIEFFRIES-BEAUVOIS depuis la mort de son frère aîné, M. le marquis de Thieffries, ancien maréchal-de-camp, a engagé quelques amis à publier le récit des services qu'il a rendus au Roi pendant le cours de la révolution. On y verra que durant trente ans M. de Thieffries-Beauvois n'a cessé de travailler au triomphe de la légitimité, et qu'il a supporté avec autant de constance que de fermeté les emprisonnemens, les déportations et la vente même d'une grande partie de sa fortune, dans l'espoir de voir un jour ce triomphe ; espoir qui ne l'a jamais abandonné, et qui, lorsqu'il s'est réalisé, a comblé les vœux les plus ardens de son cœur; mais il ne devait pas s'attendre qu'après le retour de ses Princes légitimes il aurait à plaider pour des droits que la nature et les lois lui avaient assurés, et dont l'a privé un testament olographe soi-disant écrit par le marquis de Thieffries. Par cet acte, M. de Beauvois se voit enlever l'héritage de ses pères. Au mépris des droits de la légitimité, une fortune de près de 5 millions passe dans une famille étrangère, et certaines dispositions du Code, qui favorisent les principes révolutionnaires de l'illégitimité, vont peut-être consacrer une pareille injustice. Tous les habitans du département du Nord, et tous ceux qui connaissent M. de Thieffries-Beauvois, ont été révoltés du testament olographe trouvé dans les papiers du marquis de Thieffries, surtout lorsqu'ils se sont rappelé les témoignages d'amitié que le défunt ne cessait de donner à son frère et à ses enfans. Tous ont soupçonné que son écriture avait été imitée. On sait en effet à quel point l'art de contrefaire les écritures est porté de nos jours, et que les vérifications des experts sont devenues si incertaines depuis le perfectionnement de cet art funeste, que la loi elle-même a laissé aux juges la liberté de se décider d'après leur propre conscience, et non d'après les jugemens des experts.

Les amis de M. de Thieffries-Beauvois, en racontant avec simplicité tout ce qu'il a fait pour la cause de la monarchie et les droits légitimes des Bourbons, qu'il a constamment servis de sa plume, de son épée et de sa fortune, espèrent faire ressortir avec plus de force l'injustice d'un acte qui rompt à-la-fois les liens du sang et ceux de la société.

Selon le contrôle du régiment de cavalerie de Royal-Bourgogne, M. le comte de Thieffries-Beauvois entra au service en 1767. Vingt ans après, c'est-à-dire au mois de septembre 1787, le lord Fielding, colonel anglais, dont M. de Beauvois avait fait la connaissance dans un voyage en Allemagne en 1782, s'arrêta chez lui, à Valenciennes, en allant en Hollande; mais le lendemain de son arrivée, le lord reçut un courrier de Londres, qui était passé par Paris et qui le fit retourner en Angleterre. Cependant il resta encore quelques jours chez M. le comte de Thieffries-Beauvois, qui lui proposa une chasse au renard, qu'on remit à un autre temps. Le lord fut présenté à la société de Valenciennes que M. de Beauvois avait réunie chez lui. Le jour de son départ pour l'Angleterre, le colonel, montant en voiture, adressa ces paroles à son ami : « Je vais vous parler pour vous : avant » qu'il soit trois ans, nous serons complètement » vengés des maux que la France nous a faits en » Amérique. Je vous fais cette confidence pour » vous (1). » Ce propos donna matière à réflexion. M. de Beauvois pensa moins à ce qui s'était passé en Amérique qu'à ce qui pouvait arriver aux Indes et pouvait porter l'Angleterre à faire à la France une guerre souterraine, pour la révolutionner (2).

---

(1) Les Anglais avaient suscité les débats qui avaient lieu alors entre les états-généraux des Provinces-Unies et le Stathouder. Ils y avaient fait entrer le Roi de Prusse, avec lequel ils étaient restés alliés depuis la guerre d'Hanovre, comme l'Empereur était depuis cette époque demeuré fidèle à l'alliance de la France. Si l'assemblée des États-Généraux n'avait pas été convoquée en France, Louis XVI se serait déclaré pour les États de Hollande, et n'aurait pu envoyer les secours qu'il avait promis aux ambassadeurs de Tippoo-Saïb, roi de Misore. Ainsi, les Anglais avaient deux moyens tout prêts pour empêcher l'envoi de ces secours, qui pouvaient leur devenir funestes dans l'Inde : c'était d'engager la France dans une guerre sur le continent, ou dans une révolution chez elle-même : ce dernier moyen leur réussit au-delà de leurs espérances.

(2) L'Angleterre s'était rendue rivale de la France par son agriculture, son commerce et son industrie. Depuis la révocation de l'édit de Nantes, époque où l'Angleterre

Le gouvernement anglais devait craindre, en effet, que le roi de France n'aidât Tippoo-Saïb, qui se plaignait de l'oppression dans laquelle l'Angleterre voulait tenir ses états, et qui avait formé le projet de chasser les Anglais des Indes. M. de Beauvois pensant à cette cause de révolution, écrivit à M. de Montmorin, ministre des affaires étrangères, ce que lui avait dit le lord Fielding. Le ministre ne répondit point à sa lettre. M. de Beauvois alla à Paris et se rendit

---

reçut un grand nombre de protestans, cette rivalité augmenta parce que son industrie devint supérieure à celle de la France. La rivalité de commerce fut la cause de presque toutes les guerres du règne de Louis XIV. Les deux pays employèrent tous les moyens qui pouvaient leur assurer la prépondérance; mais la France négligea ceux qui pouvaient lui faire chasser les Anglais des Indes. Les Anglais, qui craignaient avec raison qu'elle ne s'en occupât, essayèrent de révolutionner, de bouleverser la France. La guerre des farines, en 1778, fut l'ouvrage des guinées d'Angleterre; mais cette guerre ne se soutint pas, parce qu'elle n'avait pas de chef puissant. Les Anglais ont mieux réussi dans la révolution de 1789, et Tippo-Saïb n'ayant point eu les secours qu'il attendait de la France, succomba. L'Angleterre s'est emparée de la totalité des Indes, en renversant l'empire de Misore, ce qui depuis a porté sa population dans ce pays à 36 millions.

à Versailles, où il répéta à M. de Montmorin le propos du colonel. Le ministre lui dit que c'était une fanfaronnade, mais M. de Beauvois n'en jugea pas de même, et dans l'idée qu'un bouleversement empêcherait de donner des secours à Tippoo, il devint dès-lors ennemi de tous les partisans de la révolution et des écrivains payés pour y travailler, ce qu'ils faisaient déjà en parlant de banqueroute, en demandant au Roi des retranchemens et des économies.

En décembre de la même année 1787, M. de Beauvois remit à deux membres du conseil de la guerre, MM. le marquis de Jaucourt et le comte d'Esterazy, un plan de constitution militaire, divisé en 57 chapitres (1); ce plan avait pour but de faciliter les économies que Louis XVI avait annoncées au Parlement, et dont il commença en effet l'exécution en 1788. Mais ces économies ne portaient point sur l'armée, elles portaient sur la cour et sur des dépenses superflues en administration. M. de Beauvois écrivit

(1) D'après ce plan, la France aurait eu une armée de 300 mille hommes, dont un tiers sur pied, composé d'hommes enrôlés volontairement, aurait été réparti dans les provinces frontières et maritimes, à résidence fixe, mais changeant de temps à autre de lieu de garnison, toujours dans la même province. Les deux autres

encore et prouva que les embarras qu'on éprouvait, ne venaient que du retard dans les paiemens.

---

tiers auraient été recrutés par une contribution en hommes qu'on aurait réunis tous les dimanches dans le chef-lieu de leur canton, et qu'on aurait formés au maniement des armes. Un officier en retraite, appointé à cet effet, aurait été chargé de les dresser et de les instruire pendant un mois de l'année. Les différens corps de ces miliciens recrutés auraient été réunis au chef-lieu de leur province, et on leur aurait appris l'application de la théorie à la pratique et aux différens terrains par l'ensemble des évolutions concordantes avec les principes de l'instruction. Ces miliciens auraient trouvé dans les magasins des villes frontières des armes et bagages qui y auraient été déposés. Ils auraient servi à compléter les corps établis dans leur propre province ou dans les provinces les plus voisines de leur résidence; et dans le cas de déclaration de guerre, ils auraient pu joindre en deux fois vingt-quatre heures. Par ce moyen, des corps de troupes nombreux auraient pu passer la frontière et prendre sur le pays ennemi des positions avantageuses avant même que des actes d'hostilité eussent pu avoir lieu. Dans les provinces maritimes, les miliciens rejoignant avec la même célérité les corps en garnison, auraient pu empêcher les descentes de l'ennemi, ou le forcer du moins à regagner promptement ses vaisseaux. Ils auraient encore fourni des hommes à la marine de Brest, de Rochefort, de Cherbourg, de Toulon. Plus habitués à l'air de la mer que les miliciens de la Champagne, de la Beauce et des provinces de l'inté-

L'impôt foncier n'était exigible que dans le cours de la seconde année. En 1788 on payait l'impôt de 1787; en adoptant la mesure actuelle de payer par douzième chaque année, on aurait prévenu le retard dont on se plaignait.

Au mois de janvier 1789, M. de Beauvois fut convoqué, en qualité de gentilhomme proprié-

---

rieur, ils auraient formé de meilleurs marins. Par ce plan, on évitait ces déplacemens de troupes qu'on fait à grands frais du nord au midi, de l'est à l'ouest; déplacemens qui, outre qu'ils font perdre un temps précieux dans la guerre, usent l'habillement et le bagage du soldat. On réunissait donc l'économie du temps à celle de la dépense; on économisait aussi 60 mille hommes, qu'on laissait en temps de paix aux arts, à l'industrie et à l'agriculture, puisqu'avant la révolution on entretenait en France, sur le pied de paix, une armée de 160 mille hommes. Un autre avantage de ce projet de constitution militaire, c'est que les généraux de division se seraient davantage attaché les corps de troupes sous leurs ordres. Ils en auraient mieux connu l'esprit; ils auraient travaillé avec plus de suite à leur instruction et à tout ce qui peut être avantageux au service du Roi et au bien-être des soldats eux-mêmes. L'institution des légions provinciales créées par François Ier. dans le temps qu'il avait tout à craindre de l'ambition de Charles-Quint, différait peu du projet de M. de Beauvois; et l'on sait que ces légions rendirent alors de grands services à la France.

taire dans le Hainault français, au bailliage du Quesnoi, où devaient s'assembler les trois ordres de la province. Comme il n'était point d'avis qu'on assemblât les États-Généraux, il ne se rendit point au conseil du bailliage; il avait lu ce qui s'était passé dans de pareilles assemblées. Il avait ouï dire, dès son enfance, que les rois de France avaient reconnu le danger d'assembler les États-Généraux, par la crainte qu'il ne s'y formât un parti que les ennemis de la France auraient soutenu. Louis XIV payait une opposition dans le parlement d'Angleterre; le parlement anglais n'aurait pas manqué d'en payer une dans l'assemblée des États-Généraux. M. de Beauvois avait été surtout frappé de trouver dans les mémoires des négociations en Hollande, à l'époque de la bataille de Denain, que les ambassadeurs anglais avaient demandé aux plénipotentiaires français, au nombre desquels était M. de Torcy, que le Roi s'obligeât à assembler périodiquement les États-Généraux. Les motifs qu'avaient eus les Anglais pour faire cette demande, étaient la cause de son aversion pour ces assemblées. Le Roi, grand administrateur du royaume, suffisait avec son conseil pour faire le bien; les assemblées de la nation n'ont jamais fait que du mal, et M. de Beauvois savait ce qu'avaient produit les diètes et les diètines de Pologne. Louis XVI avait eu d'abord raison de repousser la convocation des États-Généraux, en la rendant inutile par les économies et les améliorations qu'il venait d'ordonner, ensuite par l'édit du timbre et par la subvention territoriale, qui auraient augmenté de beaucoup la puissance financière de la France: ces impôts étaient généralement approuvés.

Le 12 juillet de cette année 1789, M. de Beauvois étant à Paris, se trouva sur la terrasse près du Pont-Tournant lorsqu'un détachement du régiment de cavalerie de Royal-Allemand fut assailli à coups de pierres sur la place Louis XV. Son Altesse Sérénissime le prince Charles de Lorraine de Lambesc, qui était colonel de ce régiment, était près du bassin des Tuileries, à cheval; il revint aussitôt sur ses pas, et comme un homme commençait à tourner le pont qui communiquait à la place, le prince piqua son cheval, et franchissant le vide, alla au secours de son détachement, le contint et lui fit continuer sa patrouille. M. de Beauvois se rendit alors au Palais-Royal, où il entendit des vociférations que l'on vomissait contre ce prince vertueux et doué de belles qualités. Il courut avertir le suisse du pavillon Marsan, où logeait Son Altesse, afin qu'elle se mît en garde contre la populace ameutée. De retour au Palais-Royal, M. de Beauvois rencontra une personne de sa connaissance qui lui dit qu'on faisait périr dans le bassin un homme qu'on accusait d'être espion. Ayant fait quelques pas il aperçut deux capitaines d'hussards d'Esterazy, MM. de Polignac et de Sombreuil, qui avaient tiré le sabre pour défendre ce prétendu espion. Menacés par une nombreuse populace, ils firent leur retraite et passèrent par la grille qui était au-delà du café Italien. M. de Beauvois les voyant poursuivis, ferma la grille aussitôt que ces messieurs furent entrés dans la galerie, ce qui leur donna le temps d'échapper au danger qu'ils couraient (1). M. de Sombreuil père, rencontrant depuis, au mois d'avril 1791, M. de Beauvois, lui témoigna toute sa reconnaissance dans un dîner qu'il lui donna à l'Hôtel-des-Invalides, dont il était gouverneur.

---

(1) Ce fut à la même époque que les chefs révolutionnaires firent partir 9 à 10 mille hommes pour aller arrêter, à Compiègne, l'intendant de Paris. En le ramenant, ceux-ci trouvèrent à Senlis trente cavaliers détachés avec un lieutenant du régiment de Royal-Bourgogne ; n'ayant pu engager ce détachement à escorter l'intendant de Paris, M. Berthier de Sauvigny, ils prirent les chevaux et les amenèrent à Paris. Quelques cavaliers partirent pour venir rendre compte à M. de Beauvois de ce qui s'était passé. M. de Beauvois alla trouver M. de Lafayette pour demander la restitution de

Deux jours après, M. de Beauvois, traversant le Pont-Royal, vit sur le quai un rassemblement considérable qui se dirigeait vers le palais Bourbon pour le brûler, selon les uns, ou le piller, selon les autres. Il harangua ceux qui étaient à la tête, et les assura que le Prince devait donner ce palais pour en faire un hospice destiné aux pauvres malades. Sur sa parole, le rassemblement se dispersa pour aller boire.

Le 6 août, étant logé à l'hôtel d'Angleterre, rue du Mail, M. de Beauvois reçut une députation de la part des membres du district des Petits-Pères. Ils le priaient de commander un escadron composé de cochers et de postillons. On avait mis cent soixante chevaux en réquisition, parmi lesquels on en avait réservé trois pour le commandant et un pour chaque officier. M. de Beauvois dit aux députés qu'il ne suffisait pas d'avoir des chevaux et des hommes, qu'il fallait aussi des armes. Ces députés ne trouvant pas dans M. de Beauvois beaucoup d'empressement, ne re-

---

ces chevaux; M. de Lafayette lui répondit qu'*ils serviraient également* le Roi dans la garde nationale. M. de Beauvois fit observer au général que c'était une perte pour le régiment, qui ne pourrait les remplacer que sur les fonds de la caisse, à laquelle le Roi donnait une somme pour la remonte.

vinrent plus, et les chevaux furent donnés à la garde nationale à cheval qu'on venait de former. Peu de temps après la déclaration qui mettait les biens du clergé à la disposition de la nation, M. de Beauvois rencontra, dans la rue Neuve-des-Petits-Champs, le comte de Mirabeau, dont il avait fait la connaissance en voyage. Il l'engagea à un rendez-vous chez un restaurateur du Palais-Royal. Là, ils s'entretinrent ensemble de l'état des affaires. M. de Beauvois fit entendre à Mirabeau que le clergé des Pays-Bas français n'hésiterait point à subvenir aux besoins de l'État et contribuerait, pour une bonne part, aux sacrifices que les circonstances exigeaient de tous les propriétaires, surtout pour empêcher les maux que nos ennemis méditaient de nous faire dans une révolution. Il proposa à Mirabeau, qui ne révoquait pas en doute la politique anglaise, de sonder quelques députés orateurs et influens de l'assemblée, sur les moyens qui pourraient être mis en usage pour dissoudre cette assemblée, dans laquelle étaient un grand nombre de factieux. Mirabeau, quelques jours après cette conférence, lui écrivit pour l'engager à se rendre chez lui. M. de Beauvois y alla; il y trouva trois députés dont il a ignoré les noms, mais qui lui parurent très liés avec Mirabeau. Il dit à ces messieurs que les abbayes des Pays-Bas français ne refuseraient point de venir au secours du trésor royal; que le clergé de France, si on l'avait consulté, y serait sans doute venu aussi. Il leur assura que les peuples des Pays-Bas français voulaient conserver leurs maisons religieuses, et que ce vœu se trouvait consigné dans leurs cahiers de doléance. Il ajouta qu'il s'engageait à faire adopter son projet des chefs des abbayes des Pays-Bas français, et qu'il enverrait un courrier chargé d'informer M. de Mirabeau et les députés présens, de la délibération que prendraient les abbés des monastères de ces provinces. Les députés consentirent à employer leur crédit pour faire dissoudre l'assemblée, dont les membres devaient aller demander de nouveaux pouvoirs à leurs commettans. Il fut convenu qu'au moment de la dissolution de l'assemblée, six millions seraient payés à Paris par un banquier qui en serait garant. Les députés dont on vient de parler, en représentaient d'autres qui étaient dans le secret, au nombre de douze, et qui devaient coopérer à l'exécution du projet.

M. de Beauvois partit aussitôt pour la Flandre. Il instruisit trois abbés de ce projet; ceux-ci convoquèrent une assemblée à Vicogne, entre Valenciennes et Saint-Amand. Il y fut délibéré qu'on acceptait ce qui avait été proposé par M. de Beauvois. On fit part de cette délibération à

M. de Conzié, évêque d'Arras, qui ne fut pas du même avis. Il assura que l'assemblée serait dissoute sans ce moyen; et qu'au surplus les princes voisins réprimeraient la frénésie qui s'était emparée des esprits. M. de Beauvois répliqua que M. de Conzié n'avait pas bien calculé l'intérêt actuel des puissances voisines, qui, sans être d'accord avec l'Angleterre, ne s'opposeraient point à ce qu'on enlevât à la France sa prépondérance physique et universellement avouée. Il revint à Paris trouver Mirabeau, et lui dit qu'une autorité avait fait ajourner le projet. Mirabeau, qui au fond n'était pas méchant, mais qui avait souvent besoin d'argent, parut peu satisfait. M. de Beauvois le revit une autre fois à l'occasion d'un rapport qu'il était chargé de faire sur les mines. Comme M. de Beauvois était propriétaire de mines de charbon-de-terre, à Saint-Sauve, près de Valenciennes, il lui remit un mémoire sur cet objet. Il le vit encore le jour même où il fit son rapport à l'assemblée. Peu de temps après il alla chez lui, rue Grange-Batelière, pour s'informer de sa santé; des personnes qui logeaient dans la même maison, lui dirent que Mirabeau avait été empoisonné par les jacobins, et que les symptômes de sa maladie annonçaient assez la présence du poison. M. Cabanis, son ami et son médecin, en jugeait de même. M. de Beauvois s'était aperçu, lorsqu'il avait parlé du clergé à Mirabeau, qu'il s'était fort amendé dans ses opinions, et qu'il connaissait la cause principale de la révolution et les effets nuisibles que nos ennemis en espéraient pour la France. Il ne put donc s'empêcher de regretter la perte de ce député célèbre, à cause de l'influence qu'il avait sur la majorité de l'assemblée.

Quelque temps avant qu'il eut avec lui les relations dont on vient de parler, M. de Beauvois s'étant rendu à Versailles, vit les députés de la Flandre, du Hainault et du Cambrésis; il leur reprocha d'avoir dépassé leur mandat et les cahiers de doléances dont ils étaient porteurs. Quelques-uns d'eux lui apprirent qu'il y avait un plan qui devait constituer la France en gouvernement représentatif, et qu'il y aurait, à l'instar du parlement d'Angleterre, une chambre haute et une seconde chambre. C'était un piége qu'on avait présenté aux nobles qui espéraient entrer dans la chambre haute. Ce projet de constitution échoua (1), et dès-lors se forma le côté gauche de l'assemblée.

---

(1) Les partisans de ce projet de constitution étaient ce qu'on appelait les *Monarchiens*. MM. de Lally-Tolendal, de Clermont-Tonnerre, Malouet, Mounier, Bergasse,

Quelque temps après, M. d'Esterazy écrivit à M. de Beauvois pour lui annoncer que la Reine, inquiète de ce qui se passait dans le Brabant, devait le charger d'aller connaître la cause des troubles qui agitaient ces provinces autrichiennes. Sa Majesté craignait que l'Empereur son frère, occupé de la guerre contre les Turcs, ne fût trompé sur les plaintes des Belges. Cette crainte n'était pas sans fondement. M. de Beauvois, lors de son séjour à Vienne, avait connu les motifs de ces plaintes. M. d'Esterazy s'étant absenté, ce fut M. le duc de Brissac qui fut chargé de lui faire connaître les intentions de la Reine. Il l'invita à dîner et lui donna les instructions nécessaires pour s'acquitter de cette mission difficile et délicate, qui pouvait devenir dangereuse, si les révolutionnaires français avaient réussi à déterminer le con-

---

de la Luzerne, évêque de Langres, étaient à la tête de ce parti. Ce plan de constitution était contraire au vœu général de la nation, exprimé en 1789 dans les cahiers de bailliages. Tous demandaient le maintien de l'ancienne constitution française, des trois ordres de l'État, des priviléges honorifiques, etc. Tous voulaient que les priviléges pécuniaires relatifs à l'impôt, fussent détruits dans les provinces où ils existaient. La déclaration de Louis XVI du 23 juin, n'était que l'extrait de tous les cahiers des bailliages.

grès belge à la réunion des deux pays. La Reine avait appelé M. de Blumendorf, secrétaire d'ambassade de l'empereur d'Allemagne; elle avait appris de lui que la ville de Gand et toute la Flandre s'étaient révoltées, avaient combattu et forcé les garnisons autrichiennes à se replier sur Bruxelles. On pressa M. de Beauvois, qui partit le 6 décembre 1789 pour Valenciennes. Il y trouva M. d'Esterazy qui lui dit : « Allez à Bruxelles, observez bien tout. Instruisez la Reine des causes de la révolte des Pays-Bas. Adressez vos lettres par courrier à M. de Blumendorf, qui les fera passer à Sa Majesté. Proposez les moyens de pacifier ces provinces. Depuis long-temps l'Empereur est trompé sur leur administration. Tous les frais que vous pourrez faire vous seront remboursés. »

M. de Beauvois, qui était propriétaire en Belgique, arriva à Bruxelles le 10 décembre, et descendit à l'hôtel de Hollande. La ville était en révolte ouverte contre la garnison, qui était nombreuse. A minuit, une trentaine de bourgeois viennent le trouver pour le prier de mettre l'ordre dans la ville. Ils lui assurent que les Autrichiens l'avaient abandonnée, et que des déserteurs commençaient à piller et mettaient le feu dans le quartier de la place des Wallons, afin d'exercer leur pillage avec plus de facilité; ils ajoutent que deux mille habitans, réunis sur la place, demandaient un chef pour rétablir le calme. Ces bourgeois, d'après leur langage, n'étaient pas du nombre des révoltés. M. de Beauvois hésita pendant un quart d'heure. Enfin il se rendit à leurs vœux et se porta sur la place, où il trouva en effet plus de deux mille bourgeois rassemblés et armés. La moitié portait l'uniforme des troupes appelées *sermens*. Ces bourgeois l'entourent et le supplient de donner des ordres pour rétablir la tranquillité dans la ville. Il forme tout de suite des détachemens destinés à garder les postes que les troupes autrichiennes venaient d'abandonner. A huit heures du matin, M. de Beauvois revint à l'hôtel de Hollande et écrivit sur-le-champ au général d'Alton, commandant les corps autrichiens qui évacuaient le pays, pour lui dire qu'il espérait qu'à son retour il trouverait les magasins militaires intacts.

On savait, dans le Brabant, que M. de Beauvois avait représenté à l'empereur Joseph II le tort que faisait aux Pays-Bas l'interruption de la navigation de l'Escaut, que les Hollandais tenaient fermé par le moyen du fort Lillo. Les Belges ne pouvaient, à cause de ce fort, faire de commerce maritime, qui aurait nui à celui des ports de Hollande. La France y perdait aussi des débouchés par l'Escaut, qui prend sa source dans le

Cambrésis, et joint le canal de St.-Quentin et la rivière d'Oise. C'était M. le baron de Romberg qui avait écrit de Vienne, en 1783, à ses compatriotes du Brabant, les représentations que M. de Beauvois avait faites sur ce sujet à l'Empereur. Voilà pourquoi sans doute les habitans de Bruxelles, informés de son arrivée dans leur ville, au moment de la retraite des troupes autrichiennes, étaient venus le prier de se mettre à leur tête.

M. de Beauvois réunit dans trois couvens les déserteurs autrichiens nés Belges, qui ne voulaient point sortir de leur pays, et ils y furent consignés. Il forma ensuite un comité de gouvernement, composé de cinq des principaux habitans : ce comité devait durer jusqu'au moment où seraient arrivés les députés des états-provinciaux réunis en congrès. Le baron Vanderhagen en était président, et M. Drukeman, jurisconsulte célèbre, vice-président. Le comité expédia à M. de Beauvois une commission, en le priant de continuer les bons services qu'il avait rendus.

Le 13 décembre, M. de Beauvois rendit compte à la Reine des événemens arrivés le 11 à Bruxelles. Ce fut M. de Blumendorf qui servit d'intermédiaire. M. de Beauvois fit un rapport semblable à M. le lieutenant feld-maréchal comte de Braun, à Vienne, et au général commandant l'armée autrichienne. Le paquet fut remis au lieutenant de grenadiers commandant l'arrière-garde de Remonval. M. de Beauvois en a conservé un reçu qui se trouve dans ses papiers, où sont les preuves de tout ce qui est avancé dans ce mémoire. Il suppliait le comte de Braun d'intercéder pour les Belges auprès de l'Empereur, en l'assurant qu'on avait trompé sa religion sur leurs dispositions à l'égard de leur souverain.

De tout temps les Belges avaient puissamment aidé la maison d'Autriche dans les guerres désastreuses qu'elle avait soutenues contre la Turquie et la Prusse. L'Empereur aurait obtenu d'eux jusqu'à leur dernier homme et leur dernier écu, s'il eût suivi les points principaux de leur constitution; ils avaient donné des preuves de leur dévouement, sous l'impératrice Marie-Thérèse. En 1778, vingt compagnies de volontaires à cheval s'étaient formées, armées et équipées pour marcher en Bohême, où l'Autriche soutenait la guerre contre la Prusse, pour des prétentions qu'elle avait sur des parties de la succession de la Bavière.

Le comte de Braun avait une entière confiance en M. de Beauvois; aussi quinze jours après qu'il eut reçu sa lettre, le conseiller de Berg arriva de Vienne, apportant le pardon des Belges insurgés et le rétablissement de la constitution des provinces belgiques ; constitution que tous les souverains, à leur avènement, s'engageaient à maintenir. Les états belges, composés des trois ordres, ne leur prêtaient serment de fidélité qu'après qu'ils avaient reçu cette promesse.

Mais les Belges rejetèrent les propositions que M. de Beauvois fit au congrès ; ils étaient instigués par un envoyé prussien, dont le souverain s'était allié à la Turquie pour faire perdre à l'Empereur les pays qu'il avait reconquis, entr'autres Belgrade et la Servie, ancien patrimoine des rois de Hongrie. Ils étaient aussi conseillés par un envoyé anglais (1). Ces deux agens leur promettaient des secours et empê-

---

(1) Les Anglais, qui fomentaient la révolte des Pays-Bas, ne perdaient point de vue celle de la France. En 1790, de grands personnages d'Angleterre envoyèrent à Paris une procuration pour lever deux millions cinq cent mille livres destinées à soudoyer les révolutionnaires. Cette procuration se trouve dans l'étude de Me. Morissot, notaire, passage des Petits-Pères.

La somme fut fournie et n'a jamais été remboursée. Les Anglais ont toujours renvoyé les bailleurs de fonds aux chefs des factieux, pour en requérir le remboursement.

chaient leur soumission. D'un autre côté, M. de Lafayette envoya un jeune conseiller du Parlement de Paris, qui avait figuré en 1788 parmi les partisans des États-Généraux, pour engager les Belges à se réunir à la France (1). Mais le congrès répondit à cet envoyé : que les Belges voulaient conserver leur constitution des trois ordres; que la France avait des dettes; et qu'eux n'en ayant pas, ils ne pouvaient se réunir aux Français. Ce jeune missionnaire faillit être mis à la lanterne; heureusement pour lui que M. de Beauvois parvint à faire retirer une nombreuse populace qui se portait au club de la rue d'Assant pour l'en arracher.

En vain M. de Beauvois répétait au congrès qu'on le trompait sur les secours qu'on promettait aux Belges, et qu'on voulait forcer l'Empereur à abandonner ses conquêtes. Ses représentations déplurent aux meneurs Vandernoot et Vandeupen; le premier lui répondit : *Nous y réfléchirons.* Le prince de Grimberg, grand-chambellan de l'archiduchesse et membre du congrès, dit à M. de Beauvois : *Vous avez été trop*

---

(1) Ce jeune conseiller était alors de la société qui s'assemblait au Luxembourg, dans une chambre où le peuple du quartier voulut un jour mettre le feu.

hardi; le congrès est une charrue mal attelée.

M. de Beauvois ayant refusé un haut grade dans l'armée qui se formait, prit congé de tous les habitans bien pensants de Bruxelles, et revint à Paris dans les premiers jours de 1790. Il était, depuis 1779, capitaine au régiment de cavalerie de Royal-Bourgogne, et le refus qu'il fit de s'avancer était d'autant plus désintéressé, qu'il ne pouvait plus servir pendant la révolution. M. le duc de Brissac, gouverneur de Paris, fut chargé de le remercier de la part de la Reine, et de lui demander ce qu'avait coûté son voyage à Bruxelles. M. de Beauvois répondit qu'il n'avait rien écrit, et que sa dépense était peu considérable.

Il apprit, à quelque temps de là, que le marquis Ducrest et M. Dumouriez étaient allés proposer, l'un au congrès belge, l'autre à l'armée qui était cantonnée vers les frontières du Luxembourg, à Marche-en-Famine, de choisir et de nommer le duc d'Orléans, duc de Brabant : tous refusèrent et répondirent qu'ils resteraient républicains.

M. de Beauvois ne perdait pas de vue ce qui se passait à Paris. Convaincu que tous ceux qui avaient à perdre ne voulaient pas de la révolution, il s'était déclaré contre ceux qui la voulaient. Il était persuadé que les malheurs de la France donneraient aux autres puissances les moyens de s'agrandir et de lui disputer avec avantage une rivalité qui deviendrait nécessairement inférieure par les vices et les abus qui naîtraient d'une nouvelle forme de gouvernement. Curieux de connaître le résultat de la proposition faite par les négociateurs envoyés à Bruxelles, d'élire le duc d'Orléans, duc de Brabant, élection qui aurait enlevé la souveraineté à l'Empereur, il partit de Paris, et se rendit le 1er. mai à Valenciennes. N'ayant rien appris de ce qui se passait aux Pays-Bas, pendant le séjour qu'il fit dans cette ville, il prit le chemin de Bruxelles. Il y fut de nouveau bien accueilli des particuliers; mais il trouva les membres du congrès bien refroidis pour lui. Il apprit la cause de ce refroidissement chez M. le duc d'Aremberg. Quelqu'un lui dit qu'on lui reprochait d'être en correspondance avec la cour de Vienne, et qu'on le savait d'une personne qui l'avait écrit de cette ville. Deux jours après son arrivée, un nombreux détachement vint l'arrêter chez le sieur Poch, marchand de dentelles, place des Wallons, et le conduisit au couvent des Récollets. On lui donna un appartement et une garde bourgeoise. Un factionnaire était nuit et jour dans sa chambre pour rendre compte s'il écrivait. Ses papiers furent enlevés et portés au congrès sous la garde du comte de Lauretan, député de Flandre. On y trouva des fragmens de sa correspondance avec le comte de Braun, dont M. de Beauvois avait fait la connaissance en 1783, dans les camps de Bohême, de Moravie et de Hongrie. Le comte de Braun l'avait souvent invité, de la part de l'Empereur, à dîner à la table de ce souverain. On vit dans cette correspondance (1) que M. de Beauvois implorait le pardon des Belges insurgés, et demandait le rétablissement de leur constitution, ce qui ne pouvait manquer de lui être favorable; mais le compte qu'il rendait des insinuations des commissaires anglais et prussiens, prolongea de quinze jours sa détention aux Récollets. M. de Nélis, évêque d'Anvers, et M. le prince de Grimbert, tous deux députés au congrès, travaillaient à son élargissement auprès des commissaires délégués à cet effet. Ils connaissaient les sentimens de M. de Beauvois, qui était attaché à l'Empereur autant par devoir que par reconnaissance. Ils obtinrent enfin sa liberté. Ce fut le lieutenant de police qui fut chargé de la lui annoncer, et de lui

---

(1) On y trouva aussi la proposition que M. de Beauvois faisait à l'Empereur, de conserver l'armée belge de 30 mille hommes qui venait de se former pour défendre le clergé et la noblesse, comme pouvant devenir utile contre les révolutionnaires français.

exprimer les regrets qu'on avait eus de n'avoir pu la lui rendre plus tôt. La veille de son départ de Bruxelles, M. de Beauvois eut la visite des notables de la ville ; il apprit, en partant, que le Roi de Prusse avait désigné pour commander l'armée de 26 mille hommes réunis sur les frontières du Brabant, le général prussien Schoenfeld, qu'il avait envoyé précédemment près du congrès belge. Il revint à Valenciennes continuer l'instruction d'une compagnie de cent volontaires royalistes de la ville et des environs, qui avait été formée par M. Maillard, lieutenant de maréchaussée ; M. de Beauvois en était lieutenant. Cette compagnie contint le pays. Les services qu'elle rendait chaque jour engagèrent les autres villes du département du Nord à en former de semblables et à s'affilier avec elle. La compagnie de Valenciennes était censée faire partie de la garde nationale; mais lorsque cette garde était forcée de crier : *Vive la nation !* elle ne se fâchait pas d'entendre les volontaires à cheval crier : *Vive le Roi !* Ces volontaires avaient servi de garde à Son Altesse Royale Monseigneur le Comte d'Artois, à son passage à Valenciennes (1).

(1) M. de Beauvois avait formé à Valenciennes une société anti-jacobine. Les jacobins se rassemblaient aux

M. de Beauvois se trouvant encore dans cette ville lorsqu'on nomma des députés à l'assemblée législative, se rendit à l'assemblée électorale, où il fut nommé scrutateur. Il s'aperçut qu'un habitant qui s'était chargé d'écrire les noms des candidats pour ceux qui trouvaient cette manière plus commode, écrivait son propre nom, au lieu de ceux qu'on lui disait; il lui en fit l'observation: le secrétaire n'en fut pas moins nommé député.

M. de Beauvois passait son temps à aller de Paris à Valenciennes et continuait sa correspondance avec M. le comte de Braun, qui était alors commandant de l'armée autrichienne, sous les ordres de S. A. le duc de Saxe-Techen. Au mois d'août 1791, on lui avait mandé du bureau de la guerre, que, par son ancienneté, il était porté sur l'état des colonels de cavalerie à remplacer; mais qu'il était nécessaire qu'il adressât au ministre copie de sa prestation de serment devant la municipalité de Valenciennes, pour que son brevet lui fût expédié (1). En endossant

---

Dominiquins; celle qu'il créa se réunissait aux Récolets: il lui proposa un jour d'aller chasser les jacobins de leur repaire.

(1) Si M. de Beauvois s'était fait expédier ce brevet de colonel, et qu'il eût ensuite émigré, il aurait eu plus tard, à la rentrée du Roi, celui de maréchal-de-camp.

l'uniforme, sous Louis XV, il avait tacitement juré fidélité à ce souverain et à ses descendans. Il alla voir M. d'Esterazy à Tournay, avant de retourner à Paris. Ce seigneur l'approuva d'avoir quitté le service, et lui dit qu'il n'était plus possible de faire le bien. Ce ne fut pas sans danger que M. de Beauvois fit ce petit voyage, car on tirait sur tous ceux qui repassaient en France et qu'on ne pouvait arrêter. Dans le mois d'octobre de cette année, M. de Beauvois alla rendre ses devoirs à M. le comte de Braun à Bruxelles. Ce général le retint à déjeuner tout le temps qu'il resterait dans la ville, afin de pouvoir causer plus tranquillement. M. de Beauvois ne demeura que quelques jours à Bruxelles, et revint en France, où la révolution faisait des progrès plus effrayans, malgré les crimes qu'elle enfantait à tout moment. Comme il avait prévu tout ce qui était possible, il avait déposé à Paris, chez M. de

---

Il préféra son devoir et n'envoya pas de prestation de serment. Il ne voulut jamais reconnaître le pouvoir révolutionnaire. Content de n'avoir rien fait contre sa conscience, il ne regrette ni ses biens ni les honneurs qu'il aurait pu obtenir. Il lui était dû alors 7,500 liv. d'un brevet de retenue de sa compagnie de cavalerie, dont il n'a jamais pu se faire rembourser, à cause de sa conduite en Belgique.

Rougemont, une somme de cent mille francs. Il en avait encore autant en différens effets sur Valenciennes. Il crut ne pouvoir mieux les employer qu'au service de ses Princes. Il retourna à Bruxelles et fit l'offre par écrit à M. le marquis de la Queuille, commissaire de leurs Altesses Royales dans cette ville, de lever un corps de volontaires du département du Nord. Cette offre a dû être consignée dans les registres du cabinet des Princes à Coblentz.

M. de Beauvois revint à Paris au mois de novembre 1791. Un soir il se présenta, vers les onze heures, à la première barrière du lieu des séances des Jacobins. Il entra en suivant quelques membres de cette société, et passa également de la seconde entrée dans la salle des séances, où il ne trouva qu'une cinquantaine de frères. Un d'eux vint s'asseoir à côté de lui, et demanda la parole lorsque l'assemblée fut plus nombreuse. On la lui accorda. Alors il ouvrit une boîte qui renfermait une tête encore dégouttante de sang. Il la montra et dit : « Voilà la tête de mon père ; c'était un aristocrate : je jure d'en faire autant à tous les aristocrates...» Les frères et amis applaudirent. M. de Beauvois avait voulu voir ce qui se passait parmi eux. Il pouvait s'en tenir à cet horrible échantillon. Il mit son mouchoir devant sa figure, comme s'il saignait au nez, et sortit. Il retourna à Valenciennes, où commandait le général Dillon qu'il vit et avec lequel il fut bientôt d'accord. Ce général passa peu après au commandement de Lille. L'assemblée législative voulant faire la guerre à l'Empereur, envoya un trompette la lui déclarer sur la frontière, près de Quiévrain. Elle réunit dix-huit mille hommes à Valenciennes. Ils étaient commandés par le général Biron, et munis d'artillerie et autres objets nécessaires pour entrer en campagne.

Le 25 avril 1792, le comte de Sérent, qui avait été colonel du régiment d'Angoulême infanterie, arriva chez M. de Beauvois. Il venait de Paris et retournait à Coblentz. Il était porteur de papiers intéressans. Il fut reconnu par plusieurs soldats, et pour le sauver de leurs fureurs, M. de Beauvois, au moyen de quelques assignats, fit viser son passeport pour aller aux bains de Wisbad et d'Ems. M. le comte de Sérent monta dans sa voiture et alla jusqu'à Quiévrain, frontière de la Belgique. Il passa au travers des dix-huit mille Français qui étaient campés sur cette frontière. Son frère, le vicomte de Sérent, était arrivé quelques jours avant à franc-étrier. Il était resté deux jours chez M. de Beauvois, qui lui donna son cabriolet pour continuer sa route pour Paris. Il était, comme son frère, porteur de dépêches ; c'étaient tous deux d'anciens et bons amis avec lesquels M. de Beauvois avait voyagé en Allemagne en 1783 et 1784.

Le 30 avril, le corps français marcha sur Mons près de Bossu, à deux lieues au-delà de la frontière. Les chefs aperçurent environ deux mille Autrichiens avec six cents émigrés du corps de la Châtre, cantonné à Alre. Le corps français arriva à deux cents toises ; il y eut quelques coups de canon d'échangés et quelques coups de sabre donnés parmi les flanqueurs ; mais un grenadier qui avait promis à Valenciennes de faire une provocation à la retraite, s'en acquitta fort bien. Il s'écria : *Sauve qui peut, nous sommes trahis !* M. de Beauvois était derrière sa compagnie avec deux personnes qui l'avaient suivi. Tous trois se retirèrent, et la compagnie en désordre entraîna dans sa fuite tout un corps de dix-huit mille hommes, qui se retira pêle-mêle sur Valenciennes. Son Altesse Sérénissime le prince de Lambesc, qui accompagnait le général autrichien, suivit les Français jusqu'aux glacis de la place, dans l'espoir que la garnison la lui rendrait, car le Prince était adoré dans la ville et dans tout le pays. Le lieutenant de la compagnie de grenadiers, nommé Streick, émigra de suite. M. de Beauvois revint à Valenciennes avec M. Ryant, un de ceux qui l'avaient accompagné et chez lequel il coucha parce qu'on le cherchait. Le lendemain, vers les deux heures, des soldats, armés de pistolets et de sabres, entrèrent dans sa maison. Il était à dîner avec le vicomte de Bizy, officier au régiment du Roi, qui cherchait les moyens d'émigrer. Ces soldats étant arrivés dans la salle à manger, madame de Beauvois se précipita au-devant d'eux avec le vicomte de Bizy. « Ne faites rien à mon mari, leur dit-elle ; expliquez-vous. » M. de Beauvois rentra dans un salon et sortit par une porte de derrière du jardin. M. de Bizy reçut un coup de sabre au poignet. Cette troupe sortie, on ferma la porte de la salle à manger ; un domestique alla chercher la garde. Les soldats cassaient à coups de sabre tout ce qu'ils trouvaient. M. de Bizy alla joindre M. de Beauvois à la porte de la ville, et fut conduit par lui aux frontières par des chemins détournés. M. de Beauvois passa la nuit chez le directeur de son exploitation de mine de charbon de terre de St.-Sauve, village qui est sur le chemin de Quiévrain, près de la frontière autrichienne.

Le 4 mai il partit pour Mons et alla joindre l'armée des Princes. L'armée autrichienne campait sous cette ville ; elle était commandée par S. Exc. le comte de Braun. Le 5 au matin il reçut la visite de ce général, du prince de Lambesc et autres chefs de l'armée autrichienne qui avaient appris que des soldats avaient été envoyés pour l'assassiner.

Le 8 du même mois, M. le marquis de Blangis, commissaire des Princes à Mons, trompé par deux jeunes gens, requit le magistrat de la ville de faire arrêter M. de Beauvois. Ces deux jeunes étourdis, qui ne savaient ce qu'était la révolution de Brabant, avaient dénoncé M. de Beauvois comme un des chefs de cette révolution. Deux échevins et un sergent de cette ville vinrent, la nuit du 10 au 11, à l'hôtel du Singe-d'Or, et quoique le maître de l'hôtel leur dît qu'ils se trompaient, que les Princes et les généraux étaient venus rendre visite à M. de Beauvois, ils le conduisirent à la prison de la ville, où il trouva un bon lit. Ces Messieurs recommandèrent au concierge d'avoir beaucoup d'égards pour lui, et de lui donner pour ses repas tout ce qu'il demanderait Un adjudant-général de S. A. le duc de Saxe-Teschen, époux de l'archiduchesse gouvernante des Pays-Bas, vint dire ensuite à M. de Beauvois de prendre patience pendant quelques heures. Un instant après le départ de l'adjudant vinrent deux échevins et le greffier pour lui faire subir un interrogatoire sur le fait de la dénonciation. Quand M. de Beauvois leur eut déclaré ses noms, les échevins dirent au greffier de retourner à l'Hôtel-de-Ville, et celui-ci ramassa ses papiers et partit. Peu après, l'adjudant du comte de Braun vint, de la part de son général, assurer le prisonnier qu'il sortirait dans une heure; il alla de suite chez le duc Albert de Saxe-Teschen, et en apporta l'ordre de remettre M. de Beauvois en liberté. Les deux dénonciateurs furent blâmés des émigrés dont la ville était pleine. On savait quelle avait été la conduite loyale de M. de Beauvois, et les services qu'il avait rendus à Bruxelles en y prévenant de grands désordres, en sollicitant et obtenant de la clémence de l'Empereur le rétablissement de la constitution des provinces belgiques. Il n'avait en effet accepté le commandement de cette ville que pour rassurer les habitans, dont la plupart craignaient les suites de la rébellion, et pour ramener les autres à la soumission à leur souverain. M. de Beauvois connaissait l'Empereur et en était connu; il savait que ce Prince était bon allié de la France : il en avait eu des preuves lors de la guerre d'Amérique. Joseph II avait refusé les propositions avantageuses que lui avait faites le chevalier Keit, ambassadeur d'Angleterre à Vienne, en l'invitant à se déclarer en faveur de son gouvernement.

M. de Thieffries-Beauvois continua sa route

pour Coblentz, où il se proposait de demander à être présenté aux Princes. Il abandonnait tout en France, ainsi que le faisaient les trois quarts de la noblesse, pour combattre les révolutionnaires qui voulaient la ruiner en détruisant sa marine et son commerce, et en commettant toutes sortes de crimes (1). Il arriva le 15 mai à

---

(1) C'est improprement qu'on a appelé émigrés tous les Français qui ont fui sur une terre étrangère pour échapper aux fureurs de l'anarchie. Les émigrés sont ceux qui emportent avec eux tout ce qu'ils possèdent pour aller s'établir et se fixer dans un autre pays. Or, les Français fugitifs ont laissé en France leurs femmes, leurs enfans et leur fortune. Ils étaient loin de penser à changer de demeure, ils ne songeaient qu'à se mettre pour un temps à l'abri des persécutions et des maux de l'anarchie. Cette distinction entre des émigrés et des fugitifs, a sauvé la vie à plus d'un ecclésiastique du département du Nord. M. de Beauvois leur fit sentir qu'ils n'étaient point réellement des émigrés; et plusieurs prêtres arrêtés comme tels, et qui auraient été guillotinés, échappèrent à la mort en déclarant qu'ils n'avaient point émigré. Ce qu'on appelle si improprement émigration, comme on appelait liberté ce qui n'était que licence, et crime ce qui était vertu, a sauvé la France du partage qu'a éprouvé la Pologne.

M. de Beauvois, qui avait observé les troubles de ce pays et la politique des puissances co-partageantes, était persuadé qu'une guerre civile en France fournirait aux puissances de l'Europe, jalouses de sa prépondé-

Coblentz, et fut présenté aux Princes qui le reçurent comme ils recevaient tous les royalistes qui

---

rance, des prétextes semblables pour lui faire subir le sort de la Pologne. Il avait vu l'impératrice Catherine envoyer aux dissidens rassemblés au camp de Chernowitz, vingt mille hommes de troupes, presque dans le même temps qu'elle écrivait au roi Poniatousky qu'elle maintiendrait la nouvelle constitution polonaise. M. de Beauvois a toujours cru que si les Princes s'étaient réunis en France aux grands propriétaires contre les Français révolutionnaires, et que s'il se fût formé des partis dans les provinces, la guerre civile aurait été générale et terrible; les étrangers l'auraient probablement terminée comme celle de la Pologne, en déclarant, comme ils firent alors, que c'était par humanité qu'ils venaient mettre fin à nos discordes. Les Romains en s'emparant de la Macédoine terminèrent de même les divisions des enfans de Persée. Mais la retraite des Princes français et des trois quarts des propriétaires du royaume, empêcha les puissances de l'Europe de conquérir la France. Elles virent dans cette retraite l'évasion du souverain-législateur et celle des propriétaires souverains du sol. Malgré les divisions que l'Angleterre sema dans les cabinets de l'Europe après le traité de Pilnitz, elle ne put les entraîner entièrement dans sa politique insidieuse. Le clergé et la noblesse des autres états avaient à craindre les mêmes maux qui minaient la France en y détruisant le commerce, en y bouleversant les propriétés. Ils voyaient avec effroi que la spoliation du clergé et de la noblesse en France, était un moyen tout-puissant de révolution, et le dissolvant le arrivaient par bandes. M. de Malseigne, aide-de-camp-général de S. A. R. MONSIEUR, vint le

---

* plus actif de la société. Ils avaient donc intérêt à ne pas laisser subsister un pareil état de choses, car la révolution n'était qu'une guerre faite à la propriété, et comme le disait un fameux révolutionnaire : *Il n'y aura point de révolution s'il n'y a point de transmutation de propriété.*

Le parti que prirent nos Princes de se réunir en pays libre aux propriétaires souverains du sol et de les rallier sous leurs étendards, attacha toute l'Europe propriétaire à leur cause, et sans la politique machiavélique de l'Angleterre, il est hors de doute que la révolution aurait été arrêtée en 1792, et la France préservée de tous les maux qu'elle a essuyés. L'émigration n'a pas moins sauvé notre pays d'une guerre civile générale, et du partage de son territoire, que les gouvernemens révolutionnaires offraient aux puissances étrangères, à condition que le nouveau souverain confirmerait le pillage et la vente des biens, comme fit le Stathouder après avoir dépouillé son beau-père Jacques II. Honneur à jamais à Charles X, qui en réunissant vingt-cinq mille Français fugitifs sur le Rhin, empêcha le démembrement de notre patrie !

Lorsqu'en 1814 les souverains de l'Europe ont rendu à la France son souverain-législateur, les peuples qui les ont secondés ont été persuadés que le rétablissement des Bourbons opèrerait aussi la réintégration des propriétaires souverains du sol dans leurs droits légitimes.

Lorsque l'Empereur Constantin, par son Édit de

trouver quelques jours après à son auberge, et lui dit : « Vous pouvez rendre un grand service

---

Milan, rendit la paix à l'Église en 313, il fit un grand acte de restitution ; il ordonna qu'on remît dans tout l'empire romain, sans délai, sans discussion et sans frais, tous les biens qui avaient été confisqués aux chrétiens pendant la longue persécution qui avait duré depuis le règne de Dioclétien. Les acquéreurs de ces biens furent indemnisés aux frais du trésor impérial. (Voyez le tome IV de l'*Histoire de la Décadence de l'Empire Romain*, par GIBBON.) Les circonstances où se trouvent les Bourbons sont différentes sans doute de celles où se trouvait Constantin ; mais la justice, qui est éternelle, exigeait envers les fugitifs une réparation que Charles X, qui le premier se condamna à l'exil avec les seigneurs de sa cour, s'est hâté de leur accorder. M. de Beauvois la recevra avec reconnaissance, quelle qu'elle soit, parce que son attachement aux Bourbons est sans bornes, et que dans les conjonctures les plus difficiles, il fut toujours royaliste *quand même*.

Cette réparation que le parti libéral voit avec tant de dépit est d'autant plus légitime, que les biens des fugitifs n'ont été vendus que pour propager et affermir la révolution. Les pertes qu'ont éprouvées les autres Français, soit dans leur commerce, soit dans leur fortune mobilière, soit dans leurs revenus, n'ont été qu'une conséquence de cette révolution et des déprédations des factieux. La plupart de ceux qui les ont éprouvées ayant applaudi, ou ne s'étant pas opposés à la propagation des principes révolutionnaires, se sont pour aux Princes. Le régiment des carabiniers est à Valenciennes, dans votre pays. Vous trouverez sûrement des gens avec lesquels vous pourrez correspondre, en vous rendant sur la frontière. Là, vous emploierez tous les moyens de persuasion, en commençant par les officiers. » M. de Beauvois assura M. de Malseigne qu'il ne négligerait rien pour réussir dans cette mission. Il reçut aussitôt l'ordre de se rendre à Mons et de payer les frais de route d'un sous-officier qui

---

ainsi dire engagés, de gaîté de cœur, à subir toutes les chances du bouleversement qui s'opérait. Les Français fugitifs, au contraire, ont été les premières victimes qu'ils ont laissé sacrifier aux intérêts révolutionnaires. Il est donc de toute justice qu'après la révolution, ils soient indemnisés de la perte de ces biens qu'on leur a si violemment ravis. Supposons que des incendiaires mettent le feu à une maison dont le propriétaire se voit forcé de fuir pour échapper à la mort, parce que ses voisins la laissent brûler et lui refusent leur secours; si, par suite de l'embrasement de cette maison, le feu prend aux maisons voisines, dira-t-on qu'on doit une indemnité aux propriétaires de ces maisons brûlées? Ne pourra-t-on pas leur reprocher, au contraire, d'avoir laissé brûler la première? la perte qu'ils éprouvent n'est-elle pas une conséquence du premier incendie? L'indemnité n'est donc uniquement et légitimement due qu'au propriétaire qu'on a laissé sans secours. Tel est le cas des Français fugitifs dans la révolution.

devait l'accompagner sur la frontière. Arrivé à Mons, il se mit en correspondance avec des familles qui avaient leurs fils dans le corps des carabiniers, et avec d'autres personnes qui engagèrent les officiers restés, à rejoindre leurs chefs.

M. de Beauvois reçut à Saint-Guilain, à deux lieues de Mons, deux de ces carabiniers déguisés en paysans; ils lui dirent qu'il y en avait d'autres qui voulaient bien passer, mais qu'ils désiraient savoir comment ils seraient reçus. M. de Beauvois leur promit que ceux qui passeraient auraient des grades conformément à leurs services, et que ceux qui passeraient les premiers en auraient, en arrivant, dans les troupes à cheval qui se formaient. Le lendemain de cette entrevue, il arriva à Mons deux jeunes officiers de carabiniers envoyés avec la même mission que M. de Beauvois. La jalousie, qui avait causé la dénonciation faite à Mons, agit encore auprès des chefs du corps des carabiniers qui avaient émigré. M. de Beauvois, instruit qu'on lui avait donné des surveillans, remit les renseignemens qu'il avait acquis, et crut devoir cesser toutes ses démarches. Les deux officiers firent échouer toutes les espérances qu'on lui avait fait concevoir. Il partit pour Ostende et alla en Angleterre voir quelques anciens amis qui n'étaient nullement enthousiasmés de la révolution française, et pensaient, comme M. Burck, sur ses principes et ses conséquences. Ils craignaient que leur gouvernement n'échouât dans ses projets (1). M. Farmer, chez lequel M. de

(1) La politique anglaise fut toujours de semer le trouble et la division. Les Anglais aidaient ou payaient en France les différens partis. Ils donnaient des munitions aux Vendéens et soudoyaient les révolutionnaires à Paris. L'agent Wickam donnait en Suisse de l'argent aux contre-révolutionnaires et aux propagandistes. Les agens de l'Angleterre à Paris ont contribué à l'élévation de Buonaparte. Combien de fois Buonaparte lui-même n'a-t-il pas travaillé dans l'intérêt de nos ennemis? On l'a vu revenir d'Égypte à travers les flottes anglaises auxquelles il avait livré les vaisseaux français. Il n'a pris Malte par trahison que pour la laisser reprendre aux Anglais. A Trafalgar, on a laissé capturer les vaisseaux français les uns après les autres. Le traité d'Amiens, fait par Joseph Buonaparte, offre plus d'une preuve de ce qu'on avance ici. Napoléon trompait les Anglais, et les Anglais le trompaient. Il faisait brûler les marchandises anglaises en Allemagne, et il donnait en France des licences au commerce. Ces deux espèces de consommation étaient avantageuses à l'Angleterre; aussi a-t-elle maîtrisé la France de toutes les manières avec les grands profits qu'elle tirait de ses perfidies. De même que l'Angleterre avait fomenté la révolution pour affaiblir la puissance de la France, de même, en 1813, lorsqu'elle a vu cette puissance parvenue

Beauvois logeait, l'instruisait de tout ce qu'il savait, ainsi que le lieutenant-colonel Glin des gardes anglaises, qui pensait comme lui. Après un séjour à Londres de dix jours, M. de Beauvois se rendit à Bingen avec le marquis Descouloubre, colonel d'un régiment de cavalerie. A son arrivée dans cette ville, M. le duc de Fitz-James le chargea de voir un capitaine autrichien qui s'était plaint qu'on débauchait ses soldats pour recruter son régiment de Berwick. M. de Beauvois arrangea cette affaire. Il procura quelques hommes à M. de Fitz-James. Il lui donna même son domestique, qui entra aussi dans ce régiment où il avait déjà son frère; c'étaient de beaux hommes. M. de Beauvois fit venir un autre domestique de son pays.

Après avoir rendu compte à M. de Malseigne de sa mission, et lui avoir mis sous les yeux son travail et sa correspondance de quinze jours avec le Hainaut français, il partit pour rejoindre l'escadron d'Artois, composé des compagnies d'Artois et de Flandre, et commandé par M. le marquis

---

à un degré extraordinaire, elle s'est réunie à la coalition pour avoir part au traité qui se ferait, et pouvoir obtenir dans la Belgique l'influence qu'elle y exerce aujourd'hui pour son commerce, en y mettant un souverain dont elle fût l'alliée et la protectrice.

d'Avrincourt. Cet escadron faisait partie du corps de cinq mille émigrés qui campaient près de Huy, et qui fut ensuite cantonné près de Namur. Son Altesse le duc de Bourbon en était le général; il avait près de lui le général prussien Schoenfeld, le même qui avait commandé l'armée belge cantonnée près de Marche-en-Famine. Ce général était commissaire du roi de Prusse auprès de son Altesse; il se rappela le nom de M. de Beauvois, et dit à qui voulut l'entendre, que les Belges lui avaient de grandes obligations. M. de Beauvois servit dans l'escadron d'Artois pendant toute la campagne de 1792 et jusqu'au licenciement de ce corps; il ne voulut servir dans aucun régiment étranger afin de pouvoir rentrer en France et en sortir selon qu'il trouverait occasion d'être utile au service du Roi. Il voyagea en Allemagne, où il rencontra le feld-maréchal Clairfait, qu'il avait connu dans un camp de Bohême. Après une assez longue conversation, le comte de Clairfait lui dit : « Mon cher capitaine, je vous conseille de » retourner en France, car tout ce que nous » voyons n'est pas près de finir. Vous pourrez » être plus utile à vos Princes. Il y a des insur- » rections dans l'ouest de la France. Vos con- » naissances sur la guerre vous y feront bien » recevoir. Il a été donné, sur la demande des

» habitans de la Vendée, une commission au » commerce de Hollande, pour y faire passer » six cents fusils. — Je pense comme vous, » monsieur le maréchal, lui répondit M. de Beau- » vois ; je rentrerai en France. » M. de Clairfait se plaignait beaucoup de la retraite du duc de Brunswick, dont il n'avait pas été prévenu. « Cette retraite, dit-il, aura une longue suite » de maux. »

M. de Beauvois rentra donc en France au mois de mars 1793; il trouva un passe-port pour aller à Paris, d'où il s'achemina à pied pour la Vendée. En traversant les Tuileries, il rencontra le général Berthier, chef de l'état-major de l'armée républicaine, celui qui est devenu prince de Neufchâtel et de Wagram; Berthier lui proposa de servir en lui disant : « Demandez ce que vous voulez, je me charge de vous le faire obtenir; on a grand besoin de vous pour commander une division. » M. de Beauvois le remercia de ses bontés. Que de prudence et d'adresse il lui fallut pour arriver jusqu'aux chefs des troupes vendéennes ! Il joignit enfin le général Charette à la Roche-sur-Yon, lieu voisin des propriétés de ce général. Il en fut très bien reçu, quoiqu'il n'eût qu'un passeport à lui montrer. Après quelques momens d'entretien, Charette reconnut dans M. de Beauvois un officier sur lequel il pouvait compter, autant pour ses connaissances militaires que pour ses sentimens; car il y avait dans l'armée de la Vendée plusieurs personnes auxquelles il n'était pas étranger, entr'autres un aide-de-camp du prince de Talmont et deux officiers des environs de Valenciennes. M. de Beauvois trouva de la franchise dans le général, et des manières aimables qu'on ne rencontre pas toujours dans un marin. Stofflet, compétiteur de Charette, n'avait pas la même aménité que lui : c'était, comme on sait, un ancien garde-de-chasse attaché à un des seigneurs voisins. M. de Beauvois dîna avec Charette. Après le dîner, le général lui parla avec confiance; il se plaignit du peu d'accord qu'il y avait parmi les chefs vendéens; il désirait ardemment qu'il vînt un Prince pour commander, ou M. le marquis d'Autichamp, muni de pouvoir. M. le comte d'Artois aurait bien voulu se réunir avec ses deux fils, les ducs d'Angoulême et de Berri, aux royalistes de la Vendée; mais il ne pouvait le faire sans l'agrément des puissances qui devaient l'aider; et ces puissances, les Anglais surtout, étaient jalouses de la France et voulaient la laisser s'épuiser avant de rétablir le Prince légitime sur le trône; c'était aussi l'opinion de M. de Beauvois, et il l'avait conçue lors de la retraite des Prussiens, qui étaient alors alliés de l'Angleterre (1).

Le général Charette sentait la nécessité, pour le succès de la Vendée, qu'il y eût un chef qui commandât et dirigeât toutes les insurrections du pays. Il avait par lui-même peu de connaissance sur l'art et la science de faire la guerre. Il attaquait vaillamment ainsi que ses collègues et combattait de même, mais rarement en plaine; aussi un corps considérable qui voulut marcher sur La Rochelle, fut-il défait dans les plaines de Luçon. L'occupation de cette place-forte eût été de la plus haute importance pour les royalistes. Charette avait une dixaine d'officiers qui connaissaient les premiers principes des manœuvres et du mouvement des troupes; mais il n'avait

(1) Cette alliance durait depuis l'époque où le Roi de Prusse avait voulu rendre le Stathouder souverain. Les Anglais s'étaient servi de la Prusse pour changer la constitution de la Hollande en donnant au Stathouder, qui n'était que le chef de l'armée de la république, l'autorité d'un chef de gouvernement. Les États-Généraux avaient toujours préféré l'alliance de la France à celle de l'Angleterre, et ils le devaient à cause de la protection que leur avaient souvent donnée les rois de France, et pour leur propre intérêt; car la France pouvait les aider à conserver leurs droits à la navigation des mers, et leur commerce, qui est si lucratif.

point d'artillerie, non plus que Stofflet; les Vendéens enterraient celle qu'ils prenaient aux républicains.

Charette proposa à M. de Beauvois d'aller s'établir dans le département d'Eure-et-Loir et de se rendre, dix jours après, à Caen et à Rouen pour préparer les membres bien pensant des autorités constituées, à accueillir la proposition que les députés des départemens de l'Ouest devaient venir leur faire, de réunir le département du Calvados et le département de la Seine-Inférieure, à la ligue de la Vendée. La ville de Caen se décida promptement; elle accepta l'alliance avec empressement, et leva de suite un corps de troupes qui fut nommé armée du Calvados, et commandé par Wimpfen et de Puysaie. Cette armée ne se trouvant pas assez forte à Vernon pour combattre les républicains, rétrograda, après quelques escarmouches, dans les bois de Passi, et se porta par bande dans la Vendée. M. de Beauvois était avec un détachement en avant dans ces bois.

L'administration de Rouen, composée de négocians et présidée par M. de Fontenai, ne voulut pas entrer dans la coalition. M. de Beauvois trouva à Rouen l'avocat Robert, royaliste zélé qui connaissait le maire de la ville; cet avocat le servit autant qu'il put; ses conseils l'aidèrent à se tirer de la mission périlleuse où il était engagé. Après avoir passé deux mois à Rouen, M. de Beauvois revint à Berchères, lieu situé près de Dreux et de Houdan, sur la Vègre et environné de bois; c'était là qu'il devait attendre l'arrivée de l'armée royaliste, arborer alors la cocarde blanche et déployer le drapeau blanc; mais le 12 décembre 1793, cette armée fut arrêtée au Mans, où elle se battit bien, et fut forcée de se retirer de l'autre côté de la Loire.

Quelques personnes des environs de Dreux, assurèrent dans le pays que M. de Thieffries-Beauvois était médecin. Une conversation qu'il avait eue avec un médecin de Dreux, nommé Leprince, et fort en vogue dans les environs, donna cours à cette croyance. M. de Beauvois fut recherché en cette qualité et s'acquit de la célébrité, surtout parmi les habitans de la campagne. Il était fort exact à visiter ses malades et ne recevait rien pour ses soins; son désintéressement augmenta, comme on peut s'en douter, le nombre de ses cliens; il passait une partie des nuits à étudier dans les livres de médecine ce qu'il avait observé pendant le jour.

Les habitans de Berchères ne furent pas ingrats; ils rendirent à M. de Beauvois un service signalé. Le 20 janvier 1794, il arriva à Berchères deux voitures dans lesquelles étaient deux commissaires et deux gendarmes, avec ordre de l'arrêter et de le conduire à Paris, au comité de sûreté générale. Un des commissaires lui dit qu'il était accusé de correspondre avec les généraux de la Vendée. Au moment où il allait monter en voiture, les autorités de Berchères et grand nombre d'habitans des villages voisins, demandèrent aux commissaires de garder M. de Thieffries-Beauvois sous leur responsabilité, et se soumirent à envoyer des députés au comité de sûreté générale. Les commissaires se virent forcés, par la foule qui entourait la maison, d'accepter cette garantie. Les députés se rendirent au comité au moment où on allait expédier l'ordre de faire marcher un bataillon sur Berchères. Ils obtinrent un sursis; le commissaire fut incarcéré pour n'avoir point exécuté l'ordre dont il était porteur. M. de Beauvois resta ainsi à Berchères jusqu'au 9 thermidor, qu'arriva la chute du parti de Robespierre, époque où le parti modéré reprit le dessus.

Aussitôt qu'il fut libre, M. de Beauvois vint habiter Versailles, pour être plus à portée de voir ce qui se passait à Paris. Au mois de novembre il retourna dans la Vendée; les chefs n'y étaient pas plus d'accord entr'eux qu'auparavant; les forces républicaines enveloppaient tous les pays insurgés; le général Canclaux, qui vint inspecter les cantonnemens dans l'automne de 1794, demanda un contrôle des soldats de la garnison de Mayence, qui était de quatorze mille hommes quand elle arriva dans la Vendée ; il n'en trouva que cinquante, le reste avait péri. M. de Beauvois assista à quelques petits combats où les royalistes ne perdirent pas de terrain. Comme il y avait à la suite de leurs corps plusieurs transfuges qui ne voulaient pas servir la république, M. de Beauvois proposa d'encadrer ces transfuges dans les corps qui avaient éprouvé des pertes, mais qui ne se trouvassent pas exposés à combattre les républicains, des rangs desquels ils sortaient ; il voulait qu'avant tout on s'assurât bien de leurs sentimens.

On crut que M. de Beauvois serait plus utile à Paris ou dans ses environs, dans le cas où l'armée vendéenne s'en approcherait, il retourna donc à Versailles ; à cette époque on était en repos. Le général Charette lui avait recommandé de lui envoyer des officiers émigrés ou d'autres jeunes gens bien connus. M. de Beauvois lui en envoya cinq, qui arrivèrent à Cholet et périrent dans les premiers combats. Étant allé à Paris le premier de prairial, il rencontra deux députés qui avaient la réputation de bien penser : c'étaient François de la Somme et Corenfustier. Nous verrons aujourd'hui, lui dirent-ils, si les honnêtes gens se montreront, et ils l'avertirent de ce qui devait se passer. En approchant de la place des Victoires, il vit le bataillon de la section Lepelletier qui s'assemblait. Il s'adressa au commandant, qui le mit dans une compagnie de grenadiers, et qui, sur la garantie d'un garde national dont il fut reconnu, envoya chercher des armes pour lui; on marcha vers les Tuileries, où se réunissait la garde-nationale des faubourgs St.-Antoine et St.-Marceau et beaucoup de populace. Ce rassemblement se montait de vingt à trente mille hommes. Les bataillons de la section Lepelletier formaient au plus 1500 hommes en colonne; la compagnie de grenadiers marcha la baïonnette en avant; tous ces révolutionnaires battirent en retraite. M. de Beauvois arriva des premiers dans la salle de la Convention; il y vit étendu le corps du député Féraud; Boissy-d'Anglas, président de l'assemblée, avait été assez heureux pour n'être point atteint des coups de pistolet que lui tirèrent les fuyards: un quart d'heure plus tard, il y aurait eu dans la salle un grand massacre. M. de Beauvois, en redingote bleue, fut remarqué du Président, qui lui délivra une déclaration dans laquelle il était dit, que M. de Beauvois avait fortement contribué à sauver le bon parti de la Convention. M. de Beauvois était persuadé que Boissy-d'Anglas ayant été attaché à S. A. R. MONSIEUR, était royaliste. Tout prit alors un aspect différent; on respirait, on dormait tranquille. Ce calme engagea M. de Beauvois à retourner dans le département du Nord. Il obtint, au moyen de la déclaration dont il était porteur, la confiance du représentant Lamarre, député de la Convention, qui était à Lille; il en profita pour faire arrêter les commissaires aux scélés, les voleurs d'église, les dénonciateurs, les juges des tribunaux révolutionnaires qui avaient fait guillotiner onze ursulines dans un seul jour; ils furent tous conduits dans les cachots de Douai. Mais après un mois de détention, ils furent mis en liberté parce que les habitans de Valenciennes qui s'étaient plaint à M. de Beauvois, n'osèrent déposer contre eux au tribunal criminel. Plusieurs de ces coquins ont aujourd'hui de fort bonnes places.

Cependant le parti des honnêtes gens perdait chaque jour du terrain. M. de Beauvois s'en plaignait dans le département du Nord; il l'écrivait aux députés de sa connaissance. Ses plaintes le firent arrêter lui-même au mois de juillet 1795; il fut jeté dans les souterrains du Palais de justice de Douai. Après le 13 vendémiaire, il fut traduit devant le tribunal criminel, comme prévenu d'avoir favorisé l'entrée des armées étrangères sur le territoire de la république, d'émigration, etc. Il subit trois interrogatoires assis sur la sellette et escorté de vingt baïonnettes (1). Sur le fait de l'émigration, il produisit des certificats de résidence, mais il se trouva une lacune d'un mois. M. de Beauvois demanda à Paris au sieur Meunier, tenant l'hôtel d'Angleterre, rue du Mail, qu'il lui envoyât un certificat de la section de Popincourt, pour remplir cette lacune. Les jacobins de Douai et de Valenciennes arguèrent ce certificat de faux. L'accusateur public fut obligé de l'adresser à celui du département de la Seine, pour en faire vérifier les signatures. Cet envoi se fit à l'insu de M. de Beauvois; les signatures du président et du secrétaire

(1) Au mois de novembre 1795, pendant que M. de Beauvois était dans un cachot à neuf pieds au-dessous du niveau de la terre, M. Barré-de-St.-Mars lui fut envoyé pour l'engager à demander du service, seul moyen d'obtenir sa liberté. M. de Beauvois répondit que rien ne ferait changer son plan de conduite. Deux de ses amis vinrent le solliciter à accepter l'offre qu'on lui faisait; pour réponse il leur cita un exemple de fermeté dont il avait été témoin quelques mois avant, en passant à St.-Quentin. Un prêtre accusé d'émigration fut traduit devant le tribunal criminel; son défenseur lui conseilla de nier son émigration; mais il s'y refusa, car le président lui ayant demandé : *Citoyen, tu as émigré?* il répondit : *Oui, j'ai émigré*; et il fut guillotiné.

de la section, et celles des neufs témoins furent reconnues par eux; cependant aucune n'était vraie. Ce moyen servit depuis à des émigrés qu'on ramenait en France, et que M. de Beauvois recevait fraternellement dans sa prison; ils arrivaient de la Belgique avec des gens condamnés aux fers ou des voleurs qui les dévalisaient en route. Après être resté un an dans ces cachots humides du Palais de Justice, M. de Beauvois fut transféré dans une prison plus saine, qu'on appelait *les Écossais;* il eut deux chambres au rez-de-chaussée, donnant sur la rue; il fit évader plusieurs émigrés qui étaient en danger, quoique la sentinelle eût ordre de tirer sur tous ceux qui mettraient la tête à la fenêtre. M. de Beauvois avait l'assurance des honnêtes gens de Douai, qu'en cas de nécessité ils favoriseraient son évasion (1); mais il ne pouvait y penser tant que ses biens étaient sous le séquestre; ses papiers furent adressés au ministre de la police, qui devait faire un rapport au Directoire; mais quelqu'un les fit enlever, et M. de Beauvois resta incarcéré jusqu'au 18 fructidor, qu'un décret le condamna à la déportation. Il pressa sa déportation au-delà du Rhin, et évita d'être

(1) Les habitans de Douai prirent à M. de Beauvois un intérêt particulier.

envoyé à Cayenne. Tous les honnêtes gens lui offrirent sur sa route des secours qu'il n'accepta point. Il fut conduit au-delà du Rhin et abandonné par le détachement de Dusselford, à moitié chemin de Duisbourg, limite de la république et de la Prusse. Il descendit de la charrette et fit porter son porte-manteau dans cette ville par un paysan. Pour conserver son or, il l'avait cousu dans le collier de son chien, et il le déroba ainsi à la recherche des douaniers français qui s'emparaient de l'argent de ceux qui passaient la frontière. Devenu libre, M. de Beauvois s'achemina sur Duisbourg, et le lendemain vers Munster, où il arriva par la voiture publique. A peine fut-il descendu sur la place, qu'une vingtaine d'émigrés l'entourèrent, il s'empressa de leur demander des nouvelles de MM. de Serent; on lui dit qu'ils avaient été fusillés sur les côtes de Bretagne, où ils s'étaient rendus par ordre du comte d'Artois pour connaître plus particulièrement l'état des corps insurgés (1). M. de Beau-

(1) M. le comte de Serent fut enterré près d'Avranches, dans un marais. On planta un pommier sur sa tombe. M. de Beauvois voulant ériger un monument à cet ami, écrivit à cet effet à M. le maire d'Avranches quelque temps avant la rentrée des Princes. Lorsque M. le duc de Serent revint en France avec sa famille,

vois voyageant avec ces jeunes gens d'un mérite distingué, avait été témoin de la justice qu'on leur avait rendue dans les cours d'Allemagne où ils avaient séjourné. Il rentra dans son auberge pour les pleurer à son aise, ce qui lui est souvent arrivé depuis, lorsque la conversation l'a ramené sur cette époque. Il resta deux mois à Munster, et plaça dans différens services d'Allemagne plusieurs jeunes gens émigrés. Il partit le 3 de janvier 1798 pour Berlin, menant avec lui un jeune homme de Douai, capitaine actuellement au service d'Autriche, qu'on ne voulut pas laisser passer à Magdebourg. Syeys, ambassadeur à Berlin, avait obtenu du gouvernement prussien que les émigrés ne seraient pas reçus en Prusse; aussi demanda-t-il le renvoi de M. de Beauvois, qui le voyait tous les jours à midi à la promenade du parc. Le ministre prussien déclara à l'ambassadeur qu'il ne pouvait renvoyer M. le comte de Thieffries-Beauvois, parce qu'il était comte d'empire en Allemagne et en Autriche, où il était propriétaire. M. de Beauvois était

---

M. de Beauvois ne dut plus penser à cette satisfaction qu'il appartenait aux parens du défunt de remplir. Il remit sa correspondance avec le maire d'Avranches à M. le duc de Damas. MM. de Serent étaient deux braves royalistes dévoués à Mgr. comte d'Artois.

curieux de savoir où en était la politique prussienne ; il avait beaucoup vu cette cour sous le règne du grand Frédéric (1) ; il fit la connaissance de M. Gentz, qui est devenu secrétaire de plusieurs congrès des souverains. Il était de même opinion que lui, sur le passé, le présent et l'avenir de la révolution. Un anglais cité dans ce mémoire, et qui était en correspondance amicale avec M. de Beauvois, lui adressa le plan d'associations qu'avaient fait les principaux habitans du Canada, pour repousser les principes et les conseils des propagandistes français. Les révolutionnaires avaient trouvé d'autant plus de facilité à les introduire dans ce pays, qui avait appartenu au roi de France, qu'une grande partie des familles du Canada sont d'origine française et en ont conservé la langue. M. de Beauvois parcourut l'Allemagne, où il avait des

---

(1) M. de Beauvois apprit alors à Berlin que la retraite de l'armée prussienne en 1792, avait été provoquée par une lettre de Louis XVI adressée au Roi de Prusse, et sans doute *contrefaite*, par laquelle ce Prince le prévenait que si l'armée avançait davantage, sa vie serait en danger. M. de Beauvois apprit, dans un voyage à Vienne, que l'armée autrichienne avait dû se retirer aussi, parce que l'armée des Princes français n'avait pu avoir Louis XVI à sa tête, comme on l'avait désiré au congrès de Pilnitz.

connaissances, et travailla avec succès à former des sociétés anti-jacobines, qui prirent différentes dénominations afin de cacher le motif de l'association, et qui toutefois avait le même but, celui d'arrêter dans leur naissance les principes qui avaient aidé les ennemis de la France à la bouleverser. Il fut puissamment aidé dans cette entreprise par M. le baron de Luderitz, seigneur prussien; ses succès l'engagèrent à adresser à M. le baron de Thugut, premier ministre de l'Empereur, un mémoire dans lequel il proposait d'employer dans la Saxe et la Westphalie, où les propagandistes s'étaient plus particulièrement répandus, les mêmes moyens qui avaient réussi au Canada. M. le prince de Reuss voulut bien se charger de faire remettre ce mémoire au ministre de l'Empereur, qui en remercia M. de Beauvois par une lettre qu'on trouvera à la suite de ce mémoire. Après avoir fini ses voyages en Allemagne, M. de Beauvois vint passer l'hiver de 1799 à 1800, à Wesel; il fut pendant ce temps collaborateur de M. Mansson, fils du fameux gazetier du Bas-Rhin; ce journaliste était timide, il ménageait trop les anarchistes français. Au bout d'un an de séjour à Wesel et dans les villes voisines, M. de Beauvois reçut un passeport, à l'aide duquel il revint en France, n'ayant eu qu'à se louer des autorités prussiennes et des habitans des villes où il avait séjourné. Plusieurs habitans de Vesel, lorsqu'il monta en bateau, lui apportèrent des paniers de vin et de comestibles. Un négociant français, M. Chevassu, qui a été employé, il y a quelques années, aux Droits-réunis, en qualité de chef de bureau, le força d'accepter vingt-cinq louis, qui lui furent rendus peu de temps après à Paris. M. de Beauvois ignore la demeure actuelle de cet honnête négociant; mais il ne doit pas laisser ignorer le bienfait qu'il en a reçu.

Rentré en France à pied, M. de Beauvois se rendit dans la Vendée, où tout était tranquille. Il fut obligé d'user d'une grande circonspection, comme il avait usé d'adresse pour rentrer en France; il entrait dans les villes avec un livre à la main, ayant fait toilette avant d'entrer; il se rendit dans la Vendée où tout était tranquille, et continua de voyager chez d'anciens amis, à qui il proposa des améliorations pour la culture de leurs terres.

Les projets ambitieux de Napoléon parurent lui offrir une occasion de réaliser les vœux qu'il faisait pour le retour de ses Princes. On parlait de la guerre que Buonaparte voulait faire à la Russie, qui avait refusé d'entrer dans la ligue du blocus continental contre le commerce des Anglais.

M. de Beauvois imagina d'aller en Russie pour y proposer des plans de défense et ses réflexions sur la guerre qui devait éclater. Au mois d'août 1810, il demanda un passeport au préfet de police M. le comte Dubois, pour aller en Hongrie. Le passeport lui fut accordé par le ministre de la police.

Arrivé à Vienne, M. de Beauvois fit connaissance de madame la générale russe Pallas, chez laquelle il rencontra des généraux et des officiers russes. Il leur communiqua ses idées, et leur remit son plan de défense. Il crut alors pouvoir se dispenser de continuer son voyage, et resta à Vienne. Ses notes furent goûtées des généraux qui commandaient des corps contre les Turcs, vers le Danube. Elles consistaient principalement à engager l'ennemi dans une guerre d'hiver, à ne lui laisser ni abri, ni vivres, ni population, en portant cette dernière bien avant dans les provinces russes, et en envoyant les armées du Danube sur les derrières de l'ennemi lorsqu'on l'aurait laissé pénétrer dans le pays. Une partie de ces idées fut exécutée. M. de Bauvois pria madame la générale Pallas de ne pas faire connaître son nom. Elle ne vit en lui qu'un Français attaché au Roi légitime.

L'ambassadeur français Otto ne découvrit pas

le motif de son voyage à Vienne. Le travail que M. de Beauvois remettait à l'Empereur, avec lequel il passait souvent une heure dans son cabinet, le détournait sans doute de toute autre pensée. Ce travail avait pour objet des mémoires sur les finances, sur le commerce à établir vers les ports de Trieste et de Venise; sur l'embellissement de Vienne, en joignant la ville aux faubourgs; et sur les moyens d'ajouter un jardin qu'on ferait dans les glacis et esplanade pour servir de promenade au public et d'ornement au palais de l'Empereur. Une partie de ces projets ont été exécutés selon le plan de M. de Beauvois.

Le séjour prolongé qu'il fit à Vienne, où il voyait la meilleure société; les visites qu'il rendait à M. le comte de Stadion, ministre des finances, homme distingué en administration, et qu'il avait connu en 1783 et 1784, commencèrent à inquiéter l'ambassadeur français que M. de Beauvois ne voyait pas. Tous les premiers du mois, le lieutenant de police venait lui signifier l'ordre de partir, quoique son passeport ne fût pas limité. Le prince Charles de Lorraine et le prince de Ligne, qu'il avait l'honneur de voir plus particulièrement, le félicitèrent sur le travail qu'il présentait à l'Empereur. Le prince de Ligne lui écrivit à ce sujet une lettre qui se trouve dans les papiers que j'ai sous les yeux (1); le grand chambellan, comte Urbna, lui témoigna aussi de l'intérêt et vint lui faire ses adieux.

Il partit enfin de Vienne dans les premiers jours de mais 1811, et s'arrêta sur sa route chez des amis qu'il y trouvait. Il n'avançait qu'avec crainte vers Strasbourg, où il était tenu de faire viser son passeport; car si les motifs qui lui avaient fait entreprendre son voyage avaient été connus ou soupçonnés, il aurait cette fois perdu la vie, qu'il avait si souvent exposée et si heureusement conservée. Le commissaire de police de Strasbourg se borna à quelques questions, et visa son passeport.

M. de Beauvois arriva à Paris. La première personne qu'il y vit, fut M. de Clermont-Tonnerre, aujourd'hui archevêque de Toulouse, à qui il confia le but de son voyage. M. de Clermont en fut étonné et admira sa hardiesse. M. de Beauvois attendait avec impatience l'issue de la guerre, qui ne tarda pas à commencer. Il voyagea en France chez ses amis, et vit revenir la famille royale avec la même joie que tous les bons Français. Il alla offrir ses services au gouvernement provisoire pour le Roi; au retour

---

(1) Comme les ouvrages du Prince de Ligne ont intéressé l'Europe, on a cru devoir rapporter cette lettre. (*Voyez à la fin des Mémoires.*)

des Princes il alla leur faire sa révérence; il en était bien connu, surtout de Mgr. le duc de Berri, qui lui donna des preuves de sa bienveillance. Le 18 février 1815, il fut instruit des préparatifs que la famille de Napoléon faisait en Corse. Elle y était provoquée par les nombreux partisans qu'elle avait en France dans l'armée. La conspiration n'était point un mystère ; tout le monde en parlait; les ministres seuls paraissaient n'y pas croire.....

Dès que M. de Beauvois apprit le débarquement de Napoléon, il partit pour Helesme dont il était maire. Il parcourut les différens cantons de son arrondissement, et obtint, par ses amis et ses connaissances, que six cents hommes choisis s'inscrivissent pour marcher contre l'usurpateur. Il présenta à M. Siméon, préfet du département du Nord, la liste de ces volontaires, en demandant des armes pour eux ; mais il ne les obtint pas assez tôt. Le Roi étant parti de Paris, toutes dispositions cessèrent, et M. Siméon, qui le seconda autant qu'il put, lui délivra une déclaration de ses services.

De retour à Helesme, il trouva un bataillon du deuxième régiment d'infanterie, dont les officiers vinrent lui faire visite. M. de Beauvois ne leur cacha pas son opinion, qui était celle du département du Nord. A la suite d'un dîner qu'il leur donna, deux d'entre eux lui demandèrent, à part, s'ils ne feraient pas bien de se rendre à Gand, et lui déclarèrent qu'ils étaient royalistes. M. de Beauvois pouvait craindre que ces officiers ne fussent venus l'éprouver. On fusillait alors si légèrement pour cause d'embauchage ! Il répondit donc aux deux officiers, que le parti qu'ils se proposaient de prendre, devait être, dans leur intérêt, le résultat d'un calcul sur l'avenir. Le chef du bataillon était un partisan effréné de Buonaparte ; M. de Beauvois devait user de prudence, il ne donna aucun conseil formel. Pour lui, il crut pouvoir être plus utile dans l'intérieur. Les deux officiers partirent pour Gand, M. de Beauvois en a rencontré un depuis, avec l'uniforme d'officier de la garde royale. En sa qualité de maire, il reçut un registre qui contenait les actes additionnels aux constitutions de l'empire ; un des articles portait que la maison de Bourbon était déchue du trône de France : deux habitans de la commune acceptèrent ces actes, et signèrent *Oui*. Cinq cents refusèrent leur signature. M. de Beauvois déclara en leur présence que la maison de Bourbon ne pouvait être déchue du trône de France, et signa *Non*. Le registre a été déposé aux archives du royaume, où le gouvernement aura sans doute plus d'une occasion de recourir. Trois jours après, M. de Beauvois fut arrêté et conduit dans une prison militaire à Douai; on mit une sentinelle à sa porte, pour empêcher que personne n'entrât, et une autre à la fenêtre de sa chambre pour voir s'il n'écrivait pas; il vit néanmoins quelques personnes et écrivit dans les rideaux de son lit. Quinze jours après, une commission présidée par le général de division Lahure, le condamna provisoirement à être mené par la gendarmerie (1) à Clermont (Puy-de-Dôme), où sa conduite devait être plus amplement examinée; mais la bataille de Waterloo vint mettre fin à ses maux. Au mois d'août 1816, il alla à Bruxelles et y renoua ses liaisons avec l'Allemagne. Il adressa de cette ville à M. le comte Urbna, grand chambellan de l'Empereur et fort attaché à nos Princes, un mémoire sur les correspondances des radicaux anglais avec les jacobins d'Allemagne et d'Italie (2). Les services que M. de Beauvois a rendus

---

(1) Pendant sa route, M. de Beauvois gémissait de ce que le nom de *Gendarmerie*, donné pendant trois siècles à un corps de vingt mille nobles qui s'étaient illustrés, soit par des conquêtes, soit en repoussant les ennemis du dehors, était, depuis la révolution, appliqué à une troupe de police.

(2) Ce Mémoire se trouve à la suite de cet exposé.

pendant cinquante ans ont été récompensés par un brevet de chef de bataillon et par une pension de six cents fr., à laquelle M. de Beauvois ne s'attendait pas, car il n'avait pas demandé sa retraite; persuadé qu'un militaire véritablement attaché au roi, doit saisir toutes les occasions d'être utile, il aurait accepté une sous-lieutenance d'infanterie, si on la lui eût offerte; mais il avait cinquante ans passés.

Souvent espionné par les jacobins qui ont quelquefois connu ses démarches et ont toujours voulu se venger quand ils l'ont pu, il faillit devenir leur victime en 1818. Un soir qu'il revenait le long de ses bois d'Helesme, qui sont sur le chemin de Bouchain à St.-Amand, cinq hommes l'arrêtèrent tout-à-coup, en lui disant qu'ils voulaient le tuer et l'enterrer à côté du chemin. Ils n'avaient que de gros bâtons. On était au commencement de la nuit; M. de Beauvois ne put les reconnaître. Un d'eux lui arrache son fusil à deux coups, et recule quelques pas pour le mettre en joue. Il menace en même temps de tirer; mais M. de Beauvois lui répond : *Les honnêtes gens n'ont pas peur; il n'y a que les coquins qui ont peur de la mort.* A ces mots, un autre des cinq arrache le fusil des mains de son camarade, et le remet d'un air respectueux à M. de Beauvois.

En 1820, M. de Beauvois changea de domicile et se démit des fonctions de maire; mais voulant toujours être utile au roi, il lui présenta un mémoire sur la conservation des forêts du royaume. On accordait alors trop facilement la permission de déraciner les bois. Nos ennemis, toujours attentifs à détruire notre marine et notre commerce maritime, avaient peut-être provoqué ces permissions. M. de Beauvois représenta dans son mémoire le tort considérable que faisaient non-seulement à la navigation intérieure et extérieure, aux constructions maritimes, mais encore aux usines et à l'artillerie, la vente des forêts et la faculté de les défricher. Il fit voir que des acquéreurs avaient payé le prix de leur acquisition avec les arbres qu'ils avaient vendus, et que les terrains mis en labour étaient loués deux tiers en sus de ce qu'ils produisaient en bois. Le banquier Laffitte, qui acheta la forêt de Pecquencourt, près de Douai, était du nombre de ces acquéreurs privilégiés. Le Roi eut égard aux représentations de M. de Beauvois, et les déracinemens n'ont plus été permis.

La caisse d'amortissement a profité de l'avis de M. de Beauvois. Elle a tiré, des bois vendus à son profit, un prix double de l'estimation faite par l'administration forestière, parce qu'elle les a vendus avec l'autorisation de les convertir en terres labourables.

M. de Beauvois a représenté, dans un autre mémoire imprimé en 1822, et qui ne fut remis qu'aux Princes et aux ministres, dans quel abandon se trouvent l'agriculture et le commerce, les deux sources de prospérité des empires et du bonheur des peuples. Il a exposé la nécessité de faire revivre le commerce, qui, en exportant le superflu des produits de l'agriculture, fournit à l'industrie les matières premières et nous procure l'importation des productions qui nous manquent. Il a indiqué les moyens de mettre en harmonie le commerce maritime avec le trafic intérieur, et a démontré les avantages de cet échange pour un pays agricole comme la France, si riche de son sol. M. de Beauvois a proposé de confier à un ministre d'agriculture et de commerce ces deux branches qui doivent être protégées du souverain et accroître sa puissance. On n'a point créé de ministre spécial, mais le roi a formé une administration composée de délégués des autres administrations ministérielles. Il est douteux toutefois que cette nouvelle administration, telle qu'elle est établie, ait tous les avantages de l'unité d'action si nécessaire pour opérer le bien; car les ministres qui décideront en dernier ressort, guidés par des intérêts particuliers à leur ministère, n'auront point cette unité de vues que réclament les besoins de ces deux branches de l'économie politique. Toujours est-il que le Roi a reconnu la justesse et la vérité des observations de M. de Beauvois. C'est aussi par suite de ses observations sur le peu d'instruction des agens de l'administration des forêts du royaume, objet de la plus haute importance pour la marine, que le Roi a créé depuis peu, à Nancy, une école forestière. Dans le chapitre de son mémoire où il traite du commerce maritime, M. de Beauvois a fait sentir la nécessité de former des compagnies de commerce, car c'est ainsi que le commerce d'Angleterre s'est établi. Ce mémoire, qu'il n'a distribué qu'à un petit nombre d'amis, a été porté à la cour des Pays-Bas. Le souverain a sur-le-champ établi des compagnies de commerce. Les actions de celle de Bruxelles gagnent déjà 25 pour 100. M. de Beauvois avait proposé de transporter le superflu de la population de France dans les cantons incultes ou couverts d'eaux qu'on évalue à huit millions d'hectares; le Roi des Pays-Bas a exécuté chez lui ce projet; il a transporté le superflu de la population de ses états dans les landes, et surtout dans trois lieues de terrain inculte près de Bois-le-Duc. Il y a fait construire de petites maisons, comme M. de

Beauvois l'avait proposé, et ces terrains sont aujourd'hui cultivés et habités. *Sic vos non vobis nidificatis aves.*

M. de Beauvois s'éleva aussi, dans son mémoire, contre l'éclairage par le gaz hydrogène. Il prévit le tort que cet éclairage allait faire aux cultivateurs de plusieurs provinces, en les empêchant de se défaire des huiles extraites des graines oléagineuses. Il démontra combien cette fabrication, établie à Paris par un Anglais qui se servait de charbons étrangers, pouvait devenir funeste à l'agriculture. Il proposa donc les moyens plus avantageux de tirer du gaz des graines oléagineuses dont la France est féconde, et ces moyens ont été adoptés par une autre compagnie d'entrepreneurs pour l'éclairage.

M. le marquis de Thieffries, frère de M. de Beauvois, voyait avec satisfaction la conduite de son frère puîné. Il soignait sa fortune et donnait des preuves d'un attachement sincère à madame de Beauvois, qui lui prodiguait ses soins et l'accompagnait dans ses terres. Il témoignait un attachement semblable à ses enfans. Par quelle fatalité aurait-il donc donné la fortune dont il avait hérité par droit d'aînesse, à une enfant de M. de Layens et à des conditions illégales, telles que celles-ci : que cette enfant ne pourra se marier que de l'agrément de son père, et que l'époux qu'on lui donnera s'obligera à prendre et porter le nom de Thieffries? Si ces deux conditions, sur lesquelles repose uniquement et tout entier le testament soi-disant olographe, sont illégales, le testament ne l'est-il pas de même? Que l'écriture soit ou non celle du testateur, l'acte ne doit-il pas être déclaré non-avenu, puisque la loi ne peut en admettre les conditions, et que ces conditions sont l'expression de la volonté du testateur, qui n'aurait pas légué sa fortune si elles n'avaient pas dû avoir leur exécution?

M. de Beauvois est d'autant plus fondé à espérer que ce testament sera annulé, que la Cour de cassation, par un arrêt du 16 novembre 1824, a fixé la jurisprudence à cet égard en rejetant le pourvoi contre l'arrêt de la Cour royale de la Guadeloupe, qui avait annulé un testament olographe par lequel le sieur Louis Ruillier-Beaufonds avait donné, sans réserve quelconque, son habitation et dépendances à deux filleuls, à la charge et condition qu'ils prendraient son nom. Les motifs de cet arrêt sont fondés sur ce qu'il n'appartient qu'au Roi d'autoriser les changemens de nom.

FIN.

CONSIDÉRATIONS

SUCCINCTES,

POLITIQUES ET MILITAIRES,

SUR LES PREMIÈRES CAMPAGNES;

PLAN D'UNE NOUVELLE COALITION CONTRE LE GOUVERNEMENT FRANÇAIS, SON ÉTAT ACTUEL ENVERS LES MONARCHIES;

MÉMOIRE

Remis à Monsieur le Prince de Reuss en 1798, pour être adressé à M. De Thugut, Ministre de l'Empereur.

PAR M. FÉLIX-GASPARD
Cte. DE THIEFFRIES - BEAUVOIS.

A PARIS,
DE L'IMPRIMERIE ANTHe. BOUCHER,
RUE DES BONS-ENFANS, No. 34.

1825.

CONSIDÉRATIONS

SUCCINCTES,

POLITIQUES ET MILITAIRES,

SUR LES PREMIÈRES CAMPAGNES;

PLAN D'UNE NOUVELLE COALITION CONTRE LE GOUVERNEMENT FRANÇAIS, SON ÉTAT ACTUEL ENVERS LES MONARCHIES.

FAUTES

Commises dans les premières campagnes.

L'ABANDON subit du plan annoncé par les puissances coalisées, et qui avait eu un commencement d'exécution avantageux, a laissé à toute la France des craintes que le licenciement de l'armée des Princes français, et la retraite des deux autres armées réunies d'après le traité de Pilnitz, n'ont que trop justifiées.

Les Français ont cru qu'il y avait un autre

plan, dont le but était l'entier démembrement du royaume, et que les puissances voulaient faire la guerre à toute la France, tandis qu'il ne fallait la faire qu'aux factieux; et le plan de cette dernière devait consister à n'agir que d'après les différentes situations où se trouvait le gouvernement passager des diverses factions: les unes orléanistes, détruites par la force; les autres républicaines, gagnées; et les royalistes, aidées. Chacune d'elles demandait des combinaisons dans les opérations extérieures, relatives à ce qui se passait dans l'intérieur, où l'on avait, à l'époque d'octobre 1792, plus de moitié des Français pour partisans du rétablissement de la royauté.

Je citerais, à l'appui de ce que j'avance, tous les événemens militaires, jusqu'à l'époque de la bataille de Jemmappes, en novemb. 1792, que les Français n'auraient pu donner sans la retraite inattendue de Champagne, qui laissa à Dumouriez tout le loisir de rassembler soixante mille hommes, et doubla le pouvoir des jacobins. Cette bataille, où dix-sept mille Autrichiens soutinrent pendant tout un jour le choc de l'armée de Dumouriez, fait bien l'éloge de leur courage intrépide; car deux fois le sort pencha en leur faveur.

Je ne peux taire un fait qui s'est passé près

de ce champ de bataille; au premier coup-d'œil il paraît peu important, mais le résultat en fut très fâcheux : Un capitaine du régiment de Penthièvre infanterie, cantonné sur la frontière, fut envoyé à Mons par les deux tiers de ce régiment, dans les premiers jours de mai 1792, pour proposer leur entrée au service des Princes : on lui répondit, qu'étant venu après les hostilités commencées, on ne recevrait plus de transfuges, et que l'on considérait tout ce qui était resté en France comme ennemi. Il fut arrêté et mis en prison. Je travaillai à lui faire rendre sa liberté; il me promit de ne rien dire à son corps de cette réception, parce qu'il espérait que vraisemblablement on changerait d'opinion; mais j'appris que la manière avec laquelle il avait été reçu fut aussitôt connue des troupes françaises cantonnées sur cette frontière. Cette nouvelle ôta l'envie aux bien intentionnés de venir se rendre, et força différens corps de suivre le service des révolutionnaires; car tous ceux d'entr'eux qui retournèrent dans leurs foyers, furent incarcérés comme déserteurs.

Si on eût alors consulté l'esprit des armées du Nord, qui ne voulaient pas se battre pour les révolutionnaires, comme on en eut la preuve lorsqu'on les porta sur Mons et Tournay, il en serait passé des corps entiers, comme il en passa sur les frontières de Champagne, cinq ou six régimens, se rendant à l'armée des Princes. En accueillant la désertion de diverses manières, on l'aurait provoquée. Il y avait pour cet effet deux moyens : de faire soudoyer les transfuges, ou de les répartir sur les derrières des armées, chez les habitans qui auraient tiré parti des bras de ces braves gens, et qui auraient mieux aimé les avoir chez eux, que de les craindre sans cesse comme ennemis; d'ailleurs on fait aisément naître parmi les hommes une émulation utile au bien de l'état; dans ce cas, ces troupes fussent restées sur le pied de prisonniers, si on avait eu quelques raisons de s'en défier. Je n'ai rapporté cette circonstance que parce que je crois que l'on peut encore se servir de ce moyen de terminer la guerre avec non moins de succès en ce moment; car je suis intimement convaincu que tout ce que l'on conduit actuellement aux armées profiterait du moindre avantage qu'on lui offrirait; et si la désertion n'a pas été assez considérable pour influer sur les événemens de la guerre, c'est que l'on a maltraité ces malheureux sur les frontières de Westphalie (seul point où ils pouvaient passer), pour les forcer de s'enrôler (1).

(1) Je m'en suis plaint vivement à Berlin avec succès.

Je vais encore citer un exemple, entre autres, qui prouvera que l'on n'a pas fait concorder les opérations extérieures des armées avec ce qui se passait dans l'intérieur. Il me semble que lorsque l'on a vu que l'on faisait servir la garnison de Mayence contre la Vendée, on ne devait pas rendre celle de Valencienne que l'on a envoyée combattre les rassemblemens de royalistes à Lyon.

Les provinces de Bretagne, de Normandie et circonvoisines, ont fait souvent demander des armes sans pouvoir en obtenir; et l'on s'est plaint sans cesse dans les armées de la Vendée, que l'amirauté d'Angleterre n'envoyait pas les munitions de guerre que l'on avait promises.

C'est ce qui fit échouer le plan des opérations de l'armée de la Vendée, lorsqu'elle se porta sur Paris, dont elle approcha à la distance de dix-huit lieues; le manque de munitions de guerre l'obligea d'enterrer ses canons, découragea une partie de ses troupes, et la força de rétrograder sur la ville du Mans, où elle perdit une bataille des plus sanglantes.

Si on avait procuré à un Prince du sang les moyens d'aller commander ces armées, lorsqu'elles étaient en bon état, et non quand le comte d'Artois est venu à l'Isle-Dieu, époque où elles étaient diminuées des deux tiers, les Français se seraient plus aisément convaincus que l'on voulait rétablir la maison de Bourbon sur le trône, motif pour lequel elles se sont battues avec tant de courage et de constance.

Le défaut d'un chef qui aurait anéanti par sa suprématie tout principe de rivalité et de discorde parmi les différens commandans de cette armée, lui a été bien préjudiciable ; ce chef aurait mis plus d'ensemble dans le but des opérations de chaque corps d'armée; il eût été le centre où se seraient portés tous les moyens de l'intérieur, et le rendez-vous de tous les bons Français; ou plutôt, tous lui auraient remis les armes, et les Français ne se seraient pas malheureusement persuadés que l'on ne voulait qu'entretenir la guerre civile pour se rendre plus facilement maître du royaume, et le démembrer.

On a retenu trop long-temps à Gersey et à Guernesey, beaucoup d'officiers qui s'étaient destinés pour les armées de la Vendée et de Bretagne, où il y en avait très peu en état d'instruire les habitans de ces contrées, si courageux d'ailleurs, et de mettre de l'ordre dans les mouvemens de leurs divers corps; toutes ces circonstances ont fait douter de l'appui sincère des puissances coalisées.

Un événement inattendu mit le découragement à son comble parmi les royalistes qui, quoique dispersés, agissaient partout, et dissipa une armée formée à Caen, sous la dénomination d'*armée du Calvados*, et qui était déjà parvenue à Vernon, à vingt lieues de Paris, en août 1793 ; ce fut la conquête des villes du Hainaut, au nom de l'Empereur ; cette formalité inquiéta tous les Français ; elle offrit aux républicains un véhicule dont ils se servirent avantageusement pour inspirer de l'animosité aux troupes qui ne se souciaient pas beaucoup de se battre pour eux.

La maison d'Autriche rentrait, à la vérité, dans un patrimoine que Marie de Bourgogne avait porté en mariage à l'empereur Maximilien, et elle aurait pu également le posséder sans cette formalité qui a nui, ainsi que les circonstances ci-dessus, aux progrès des armes des puissances coalisées contre les révolutionnaires. J'ai été témoin de la sensation que cette prise de possession causa aux armées de la Vendée, et ce ne fut pas sans peine que je parvins à persuader que c'était une pure formalité qui n'avait d'autre but que d'encourager les troupes autrichiennes.

PLAN D'UNE NOUVELLE COALITION.

Moyens proposés pour cette nouvelle coalition.

Après avoir réfléchi sur tout ce qui s'est passé dans l'intérieur de la France, d'où je suis sorti par déportation depuis peu de temps, et où les causes de beaucoup d'événemens m'ont été connues ; après avoir apprécié la moralité actuelle des habitans, et résumé ce qui s'est passé parmi les puissances coalisées, j'ai imaginé de tracer ici ce qu'il me semble qu'il y aurait à faire, si la guerre doit recommencer, comme les préparatifs du Directoire paraissent l'annoncer; il compte sans doute sur les partisans qu'il se fait dans un pays avant d'y porter la guerre, et dont le nombre serait bien plus considérable, si les habitans n'étaient éclairés par les émigrés sur les maux qu'entraîne après soi l'invasion des républicains.

J'ose assurer que le Directoire ne pourra résister toute une campagne, si le plan des puissances coalisées a pour base : *Guerre au Directoire et à ses agens qui tyrannisent la France! Paix aux Français!*

Cette seule déclaration, en forme de manifeste, relèvera le courage abattu des royalistes, et le Directoire sera culbuté si le plan est fait d'après l'esprit qui règne en France, et le faible que l'on a eu tout le temps d'observer dans ses armées et parmi ses généraux; cette déclaration divisera les conseils, où le parti de l'opposition est contenu par les baïonnettes, depuis le 4 septembre 1797. L'exécution de ce plan ne peut qu'être facile contre un gouvernement qui ne se compose que d'oppresseurs et d'opprimés; sa réussite est certaine; car ces derniers sont plus de mille contre un. Assurément ils ne laisseront pas échapper l'occasion de secouer le joug tyrannique du Directoire, s'ils sont secondés de l'extérieur, et s'ils ont la certitude du rétablissement du roi que toute la France implore.

Il ne me resterait plus aucune crainte, si l'on parvenait à maintenir l'accord parfait parmi les souverains, accord qui seul donnerait une utilité certaine aux moyens prépondérans qu'ils peuvent employer pour éviter les longueurs qu'entraînent les communications des cabinets lors des événemens imprévus, ainsi que la lenteur des discussions qu'ils occasionnent dans chaque cour, et pour donner aux délibérations une activité qui étonne l'ennemi, et le force peut-être à se rendre sans combattre. A cet effet, je crois qu'il importerait de créer, au centre des opérations, deux conseils, l'un de guerre, et l'autre des finances, auxquels chaque souverain qui aurait fait marcher quinze mille hommes avec tous les accessoires nécessaires, enverrait un député.

Le conseil de guerre aurait parmi ses hautes fonctions la connaissance des forces et des moyens quelconques des ennemis, et du parti qu'il y aurait à tirer des différentes factions; il concerterait le plan d'attaque et l'ensemble des opérations, en distribuerait l'exécution aux divers corps d'armée, et fixerait, sans préjudice et sans partialité, le nombre de troupes que chaque souverain aurait à fournir d'après le calcul de la population de ses états.

Tous ces délégués ne formeraient plus qu'une puissance, un ressort unique qui ferait mouvoir tous les agens destinés à concourir au rétablissement de la tranquillité de l'Europe.

On jugera sans doute nécessaire que Louis XVIII envoye dans le lieu de ses séances un général qui serait consulté dans tout ce qui aurait rapport à la France.

Ce général aurait un certain nombre d'adjudans, parmi lesquels il y en aurait de capables de rédiger des adresses, soit aux Français, soit aux armées, moyen que l'on ne doit pas négliger dans une guerre où l'opinion a eu quelque part.

Ce conseil de guerre ordonnancerait la solde des troupes, l'entretien des armées, ferait fournir des vivres, serait chargé d'envoyer des armes et des munitions de guerre dans les différens pays qui se révolteraient contre les agens du Directoire. Comme il aurait des espions à Paris et des émissaires à envoyer, il aurait besoin du conseil des finances où chaque souverain enverrait également un député.

Ce conseil serait autorisé à créer un papier-monnaie portant intérêt de quatre pour cent jusqu'au remboursement qui se ferait par chacune des puissances à proportion de sa population; la répartition de chaque contingent serait assignée sur chaque état lors de sa fabrication, afin que le papier qu'il serait chargé de rembourser portât son nom.

L'avantage de l'intérêt qu'il procurerait au porteur, l'engagera à ne pas se presser de le faire liquider et donnera à chaque puissance tout le temps de pourvoir au paiement; leur exactitude à cet égard, donnera à cette espèce de numéraire toute la confiance dont il aura besoin.

Les souverains et états qui dans ce moment ne peuvent pas contribuer pour la cause générale, vu leur situation avec la France, supporteraient à la paix leur part des frais, qui deviendrait une bonification pour ceux de la coalition, et le concours unanime rendrait cette guerre très supportable à chacun.

Ce papier, qui opèrerait la félicité publique, porterait des emblêmes qui y seraient analogues, et il n'y en aurait pas au-dessous de cinq florins.

L'officier bien intéressé à l'état de choses actuel n'hésiterait pas à le recevoir, d'autant mieux que les puissances qui l'acquitteraient faisant des répartitions modiques, donneraient la facilité de l'acquitter, et que la confiance qui en résulterait le mettrait à l'abri de toute perte dans l'échange qui s'en ferait pour la solde des troupes.

Tous les honnêtes gens auxquels ce gouvernement, qui n'est qu'un monstre en politique comme en morale, fait aussi la guerre, seraient invités à contribuer aux frais qu'elle occasionnerait; il leur serait délivré des numéros du registre des sommes déposées dans la caisse du conseil, et ils les représenteraient à la paix, afin que l'on pût inscrire leurs noms dans l'histoire de cette guerre, si juste et si pressante.

Le système d'une guerre ordinaire n'ayant pas réussi, on est forcé de recourir à des moyens que l'on n'a pas encore tentés, et il est de la sollicitude paternelle de tous les souverains de prendre tous ceux qui peuvent terminer une lutte qui existera sans cesse entre les principes républicains et les principes monarchiques, de passer sur toutes les petites difficultés que l'exécution d'un plan de coalition pourrait faire prévoir, de préserver les peuples qu'ils gouvernent des crimes que l'imagination la plus perverse a pu enfanter pour inspirer la terreur et comprimer les honnêtes gens propriétaires ; en un mot, de faire des sacrifices pour le triomphe de leur propre cause.

Il est du devoir de tous les jeunes gens de servir dans les armées de la coalition.

Ne pourrait-on adopter un autre système qui, dans le cas où celui-ci n'opérerait pas un succès complet, contribuerait certainement à rendre l'invasion plus facile ?

Les souverains, qui ont de la répugnance pour l'effusion de sang, ne pourraient-ils pas offrir un moyen qui prouverait leur intention bien formelle de rétablir la monarchie à cette nation dont le plus grand nombre est bien disposé à faire tous ses efforts pour y parvenir ?

J'y pensais lorsque le comte d'Artois vint inopinément à l'Ile-Dieu, sur les côtes de la France ; et lorsque le Roi parut à l'armée de Condé, ce n'est pas sans raison que j'en augurai un bon succès, le voici : ce serait de donner au Roi, qui se porterait vers les frontières des pays envahis, la possibilité de soudoyer les troupes qui désirent de l'avoir pour chef et qui viendraient se réunir à lui, d'après une proclamation par laquelle il assurerait une amnistie générale, en exceptant les assassins.

Les Princes se présenteraient sur les côtes; tous les militaires qui viendraient se rendre ou qui donneraient des preuves de leurs sentimens par des actes publics, seraient réintégrés dans leurs places, ou en seraient pourvus d'équivalentes; il en serait de même pour les membres des corps civils ou administratifs, qui resteraient à leurs fonctions pour concourir à la restauration.

Des renseignemens précis que j'ai eus sur l'esprit de l'armée me font bien désirer que les souverains tentent cette voie; officiers et soldats, tous crient hautement qu'ils détestent le gouvernement actuel; « *Il nous faut un Roi!* disent-ils,
» mais comment faire? Nous ne voulons pas
» nous laisser soumettre comme des lâches,
» nous qui avons vaincu les armées les plus for-
» midables! »

Précautions Indispensables que doit prendre un souverain en guerre avec les républicains.

J'ai fait part, pour combattre de nouveau les ennemis du genre humain, des idées que l'expérience de neuf ans m'a fait naître, ayant eu souvent l'occasion de découvrir les mobiles révolutionnaires et d'être témoin de leurs effets; il me reste maintenant à proposer les précautions indispensables que, dans un état de guerre, un souverain ne doit négliger sous aucun rapport, pour assurer le repos de ses états et anéantir le parti démocratique dont les sectateurs correspondent avec leurs partisans des pays révolutionnés.

Ces scélérats qui travaillent sans cesse à bouleverser toutes les lois pour rassasier leur excessive cupidité et leur ambition démesurée, existent dans toutes les classes; mais ils sont en plus grand nombre dans celles qui, exercées à parler en public, ont par-là tous les moyens et les occasions de semer des germes de révolution dont ils espèrent bien recueillir les fruits. Je compte beaucoup de révolutionnaires parmi les hommes habitués à parler en public; il en est aussi beaucoup parmi les négocians et les manufacturiers qui, ayant une quantité d'ouvriers, en deviennent plus dangereux; car cette espèce d'hommes ignorans, habituée à servir celui qui la paie, influence facilement le soldat et le reste de la populace; on ne peut dissimuler le grand nombre de ces niveleurs; ils n'osent écrire, mais ils parlent hautement; ils se réunissent, non en des assemblées considérables, mais par fractions et toujours à la faveur des ténèbres.

J'en ai eu la preuve dans toutes les villes de l'Allemagne où je me suis arrêté; j'y ai appris, à mon grand étonnement, que quantité de riches, non nobles, professaient les principes démocratiques. Comment expliquer ce vertige ? Insensés qu'ils sont! n'auraient-ils donc d'autres jouissances que d'exister au milieu des orages, des volcans et des crimes de toutes espèces? Quant à la plus grande partie du peuple de l'Allemagne, elle suivra, comme partout ailleurs, l'impulsion qu'on lui donnera.

Voyageant en observateur depuis ma déportation, qui eut lieu il y a quinze mois, il fallait avant que je pusse juger, m'insinuer partout pour connaître à quel point j'avais en Allemagne des antagonistes; car mon zèle, toujours ardent pour le gouvernement monarchique, ne s'est jamais refroidi, même lorsque j'étais couvert des humides vapeurs des cachots, où j'ai été jeté avec une presque certitude morale de porter ma tête sous la hache des bourreaux; je suis en effet vraiment un bien grand coupable envers le soi-disant gouvernement français.

J'ai cherché dans les endroits publics ces préconiseurs de la liberté et de l'égalité; j'en ai reconnu dans les officiers civils et militaires, dévorés d'une ambition ridicule, d'une basse jalousie, d'une effroyable cupidité, et leur nombre est effrayant; c'est avec douleur que je dis cette terrible vérité.

J'ai souvent essayé de les ramener à la morale de l'union, de la vertu, de la raison, et des vrais principes de gouvernement; de leur prouver que rien dans la nature n'est égal, qu'elle ne peut elle-même exister qu'avec des contre-poids. Ces armes de la vérité ne les ont pas convertis; il faut parler de leurs intérêts, ils ne les perdent pas de vue dans la distribution des places qu'ils prétendent devoir être données à ceux qui peuvent mieux servir l'État, et qui sont doués de plus de capacité (c'est d'eux qu'ils parlent); c'est ce qui fait que le souverain est intéressé à ce que l'État soit bien administré; cet intérêt est commun aux sujets, et si quelquefois le souverain met en considération les services des ancêtres, ce motif est avantageux à l'État; car laisser à ses enfans une réputation honorable, c'est les porter à marcher sur les traces de leurs pères en remplissant bien les devoirs de leurs places, et à montrer dans toutes les occasions un désintéressement et un vrai dévouement pour le bien public, afin de laisser à leurs descendans de pareils exemples et de les engager à les imiter.

Si ces raisonnemens n'ont pas une logique qui puisse les gagner, il faut leur dire : Songez-y! en désirant une révolution, vous perdrez votre place, il y a trois cents personnes qui peuvent ainsi que vous l'occuper; elle vous sera ravie, ils vous rendront suspects! ils vous accuseront de royalisme parce que vous aurez servi le souverain; ils vous signaleront comme trahissant la cause de leur prétendue liberté; vous serez incarcérés, égorgés ou déportés si vous ne fuyez pas votre patrie, et n'abandonnez tout ce que vous possédez. Vous avez l'exemple de tous les pays qui ont été révolutionnés par les Français, et dont il est sorti des millions d'émigrés; ne savez-vous pas qu'en France la liste se monte à deux millions cinq cent soixante-deux mille? Tous avaient des places, des propriétés qui ont été convoitées par les révolutionnaires qui, n'ayant rien à perdre, ne risquaient rien dans le bouleversement.

On obtient plus de succès avec les négocians

qui cherchent, qui possèdent de gros magasins, dont ils craignent avec raison le pillage dans un moment de trouble.

Les artistes sont aussi assez faciles à ramener à la raison; mais les gros cultivateurs qui lisent les papiers des pays démocratisés, et presque tous les gens de lettres, sont révolutionnaires entêtés, rien ne peut dissiper leur aveuglement, l'exemple même de peuples malheureux ne peut ébranler leur opinion; ils m'ont paru liés avec les ministres protestans qui citent dans de petits auditoires, chacun à l'appui de son système prétendu philosophique, différens passages de la Bible qui se trouvent dans le premier livre de Samuel, chap. VIII. Samuel rapporte au peuple le discours de Dieu, auquel il avait demandé un roi, etc. Suit une énumération des tyrannies qu'un roi peut exercer sur son peuple, et qui ne se réalisent que dans le gouvernement des directeurs de France.

La Sagesse de Salomon, chapitre VI, depuis le 1er. jusqu'au 12e. verset, a servi de texte aux maximes que fit prêcher le général Custine lors de son entrée à Mayence.

Le VIe. chapitre, 57e. verset du livre des *Machabées,* a servi de base à une lettre anonyme écrite au duc de Brunswick.

Le VIIe. chapitre de la *Sagesse de Salomon*, qui veut l'égalité des hommes.

De fausses applications de principes généralisés et prêchés par des hommes qui ont la confiance du peuple, laissent dans tous les cœurs une empreinte ineffaçable et font des prosélytes ardens qui attendent avec impatience, sans doute, quelques circonstances favorables pour agir ostensiblement et opérer ce changement d'ordre de choses qu'ils désirent. On a vu ces mêmes démocrates, qui agitent sans cesse et sourdement le peuple, en liaison avec ceux des armées, afin de saisir quelques circonstances désastreuses et de profiter des momens de découragement pour prêcher leur doctrine aux troupes; c'est par des causes de ce genre que l'on a vu des corps entiers se paralyser et se rendre presque sans s'être défendus.

On n'a pas apprécié jusqu'ici avec justesse quelle était la nature de la puissance que l'on avait à combattre; car, loin de jamais chercher à lui opposer les armes nécessaires, on a pris souvent le contrepied de ce qu'il fallait faire pour réussir.

Les moyens que j'offre et que je crois faits pour être adoptés spécialement chez un souverain en guerre avec le gouvernement français, ont eu jusqu'à présent le résultat que l'on devait en espérer : partout ils ont eu des succès.

Ils sont les mêmes en sens contraire de ceux dont on s'est si avantageusement servi pour révolutionner; et si ceux-ci ont pu détruire, ceux que je vais proposer doivent conserver ; ils consistent à provoquer dans toutes les villes, bourgs, etc., des réunions d'honnêtes gens qui ont fait preuve d'une bonne conduite, sans altération, de leur attachement à Dieu et à leur souverain; ces réunions porteront le nom de société d'agriculture et d'économie publique; mais leur objet, principalement connu des chefs, serait de détruire les erreurs que l'on sème journellement avec fruit parmi le peuple, et de combattre avec les armes de la vérité l'esprit révolutionnaire. Ces institutions, qui travailleraient sans cesse au bonheur de tous, auraient toute l'aptitude nécessaire pour pouvoir réaliser ce que les volontés personnelles de chaque individu qui les composerait, ne pourraient isolément exécuter pour la tranquillité publique.

Une cruelle expérience a prouvé combien les succès des sociétés républicaines, dites des jacobins, ont été rapides, et comment les principaux meneurs ont opéré cette incroyable révolution. Ces sociétés acquirent un pouvoir sans bornes et jetèrent sans obstacle les fondemens de la république. Le petit nombre des meneurs échappés aux poignards de leurs collègues et à l'échafaud, arrivés à la toute-puissance, qu'ils se sont si long-temps et si cruellement disputée, ont bien senti que si ces sociétés les avaient portés au comble de cette toute-puissance, elles pouvaient aisément les en exclure; ils se sont hâtés de les détruire, et d'une manière d'autant plus étonnante qu'étant composées de quelques dixaines d'hommes, elles avaient commandé aux autorités et aux troupes. Aussitôt leurs réunions, on vit les esprits se diriger vers la démocratie, et, à l'aide de leur théorie astucieuse, anéantir la vraie morale pour prêcher la liberté et l'égalité. Cependant les chefs n'oublièrent jamais leurs affidés; ils occupent en ce moment toutes les places de la république.

Les sociétés que je propose seraient créées par quelques personnes nommées par les ministres; elles se donneraient une législation pour la police intérieure, relativement aux admissions, etc. Leurs membres pourraient aisément étouffer toutes les étincelles de démocratie que l'on ne peut se refuser d'apercevoir partout; ils monteraient l'esprit public dans leur sens, surveilleraient les agens du gouvernement, et rendraient compte de leur conduite; car il s'en trouve beaucoup parmi eux qui, loin d'accabler du mépris public les révolutionnaires, les accueillent, et qui pousseraient au char d'une révolution, s'ils croyaient pouvoir réussir.

Les membres, pour la plupart gros propriétaires, intéressés au maintien de l'ordre actuel des choses, seraient à même de faire des sacrifices dans ces momens où l'on a besoin de certains véhicules pour déterminer le peuple, et ils en feraient à l'envi les uns des autres.

Leur exemple entraînera ces égoïstes intolérables livrés à une espèce de sommeil, et indifférens sur tout ce qui ne trouble pas leur jouissance présente. Quel ressort d'émulation et de ressources incalculables pour le souverain!

De pareilles sociétés sont tellement maîtresses de l'opinion publique, qu'en Normandie, où les honnêtes gens avaient prévenu les jacobins, en se rassemblant les premiers, elles firent signer par tous les habitans de cette province dont elles voulurent avoir l'adhésion, des adresses au Corps-Législatif pour demander la liberté du roi, alors au Temple, et le rétablissement de la monarchie. Dans cette province et dans celles qui composèrent la Vendée, les jacobins n'osèrent se montrer; ce qui prouve que tout est *primo occupanti*.

Les îles de France et de Bourbon doivent leur tranquillité et le maintien de leur ancien gouvernement aux sociétés d'honnêtes gens qui déjouèrent facilement les trames des démocrates.

Les provinces qui composent le Haut et le Bas Canada se garantirent également d'une révolution qui avait déjà fait d'autant plus de progrès que, dans ces provinces qui ont appartenu à la France, les deux tiers parlent français. Je joins ici copie d'un acte d'association qui m'a été envoyé.

ASSOCIATION.

Les soussignés ont regardé avec une peine infinie les efforts que les ennemis de notre mère-patrie ont pratiqués pour créer le mécontentement et provoquer, par le mensonge, à l'infidélité, des sujets redevables de leur bonheur et des grands avantages dont ils jouissent, à un empire généreux et bienfaisant, dans un temps où des personnes méchantes et malintentionnées mettent tout en usage pour séduire les esprits faibles et crédules de nos compatriotes ; où des émissaires étrangers, des caractères séditieux se cachent parmi nous pour essayer de détruire notre affection pour notre souverain et nos intérêts les plus chers pour notre pays et notre postérité; lorsque nous savons que de semblables efforts ont pris leur origine dans une intention horrible d'anéantir tous droits sacrés du bonheur social; que par de tels artifices, d'abord également spécieux, la main cruelle d'un pouvoir destructif a acquis l'autorité suprême usurpée en France, et que, par ce pouvoir, des sujets ont attenté à la vie d'un souverain légitime et reconnu, en massacrant Louis XVI, roi de France : pouvoir qui, au nom du peuple, a publiquement et finalement renoncé à tous devoirs religieux et divins, qui a persécuté et détruit les ministres de l'Église catholique romaine établie, a pillé les temples, et profané les autels sacrés du Tout-Puissant.

Lorsque nous connaissons que de telles horreurs proviennent d'une intention spécieuse de réformer les maux et régénérer le bien commun, nous sentons qu'il est du devoir de tous sujets honnêtes de se montrer avec énergie, afin d'arrêter les progrès et prévenir l'exécution de ces desseins vils et pernicieux. Lorsque nous considérons notre situation heureuse, fruit d'une constitution libre, et que nous sommes soutenus par une nation grande et généreuse dont nous partageons tous les avantages, vivant dans la possession entière et paisible de nos droits religieux et civils, sans autre fardeau que celui de supporter des taxes modérées, utiles au maintien du gouvernement.

Lorsque nous comparons avec l'état de ces pays, ceux qui voudraient, par la séduction, nous entraîner dans leur misère, et se servir de nos propres forces et propriétés pour se relever de leur détresse ; lorsque nous voyons que, même en tentant de les soutenir, ce ne peut être qu'aux dépens de notre loyauté, de notre reconnaissance, de notre religion, de nos intérêts et de ceux de notre postérité, sous l'apparence illusoire d'une liberté et d'une réforme qui, dans leurs progrès, ont détruit tous les avantages de la vie sociale, dévasté un grand pays par l'effusion du sang de ses peuples et la ruine de ses biens ; bouleversé la religion, les lois et le gouvernement, et enlevé toutes sûretés pour les personnes et propriétés. Ces contrastes frappans nous ont fait ressentir vivement la nécessité de nos efforts individuels et réunis contre tout attentat qui aurait pour but de troubler la paix et la tranquillité de ce pays.

Et nous déclarons

Que nous, habitans de la cité de Québec, sommes fermement attachés à notre gouvernement actuel, à la Grande-Bretagne et à Sa Majesté, et avec une loyauté pure sommes pénétrés de reconnaissance pour les avantages dont nous jouissons comme partie de l'Empire-Britannique; que nous regardons avec la plus grande horreur les attentats séditieux dernièrement faits par des personnes méchantes et malintentionnées, en faisant circuler des écrits faux, séditieux et inflammatoires, en excitant, par de fausses nouvelles, les craintes et les doutes de nos compatriotes contre les lois et le pouvoir du gouvernement; que conjointement et séparément nous ferons tous nos plus grands efforts pour soutenir notre présente constitution, pour donner au pouvoir exécutif un support vigoureux et efficace pour anéantir les efforts des séditieux, pour les découvrir et les amener à une punition légale et exemplaire; pour arrêter, dans ses principes, tout tumulte ou tentatives, sous quelque prétexte que ce soit, tendant à troubler la tranquillité publique.

Et nous déclarons hautement notre résolution ferme et constante d'user de tous moyens en notre pouvoir, dans ces intentions loyales, pour le soutien des lois, et du gouvernement sous lequel nous avons le bonheur de vivre.

Suivent des centaines de signatures.

Du 28 Juin 1794.

CITÉ DE QUÉBEC.

Dans une assemblée des citoyens de Québec, qui ont signé une association, en date du 28 du courant, à l'effet de maintenir les lois, la constitution et le gouvernement de la province du Bas-Canada, il a été unanimement résolu :

1°. Qu'il est du devoir de tout fidèle sujet de faire tous ses efforts pour parvenir au but contenu dans les déclarations de ladite association ;

2°. Qu'afin de procurer une occasion aux habitans bien instruits et bien disposés de ce district de se joindre à cette association, et afin que les efforts des individus ainsi liés d'union, puissent être mis en usage et réunis aux mêmes effets, il soit formé un comité composé de douze membres, savoir :

L'honorable Thomas DUNN, *président;*

Membres : P. An. Debonne ; Franç. Babi ; Jeankin Williams ; Henry Caldeval ; James Monk ; John Croügie ; Louis Germain fils ; Louis Deschenaux ; John Lees ; Hyppolite La Force ; Robert Leste.

3°. Que ce comité puisse ajouter à son nombre tels membres dont l'assistance lui paraîtra nécessaire et utile aux progrès de cette association dans l'étendue de la province ;

4°. Que ledit comité s'assemblera en des temps et lieux convenables, et qu'il puisse convoquer une assemblée générale aussitôt qu'il en sera besoin ;

5°. Qu'ayant unanimement déclaré, par nos signatures à cette association, que nous avons en horreur les démarches séditieuses dernièrement faites par des personnes malintentionnées, qui ont répandu des écrits faux et inflammatoires, aussi bien que d'autres moyens malicieux par lesquels on a fait naître dans l'esprit de nos compatriotes des appréhensions relativement au pouvoir du gouvernement et à la loi ;

6°. Qu'une humble adresse soit présentée à Son Excellence le très honorable lord Dorchester, notre gouverneur, suppliant Son Excellence d'accorder son approbation à nos intentions loyales, et l'assurant qu'étant ainsi approuvées, nous emploierons nos plus grands efforts, au risque même de notre vie et de nos biens, pour éteindre cet esprit de sédition qui paraît s'être emparé de certains cercles de ce district, afin de maintenir nos lois et étayer notre très heureuse constitution actuelle ;

7°. Que ledit comité prépare une adresse en conséqûence, et qu'il la présente à Son Excellence à tel jour et heure qu'il lui plaira d'appointer.

ADRESSE A SON EXCELLENCE.

A Son Excellence le très honorable Guy, lord Dorchester, capitaine-général et gouverneur en chef de la province du Bas-Canada et de toutes les autres provinces de l'Amérique occidentale, général et commandant en chef toutes les forces de Sa Majesté dans les susdites provinces, etc., etc;

Qu'il plaise a votre Excellence,

Les sujets fidèles et loyaux de Sa Majesté, de la ville et du district de Québec, désirant se former en une association à l'effet direct de maintenir la loi, la constitution et le gouvernement du Bas-Canada, supplient très humblement Votre Excellence d'accorder votre approbation à leurs intentions loyales, et d'agréer leurs assurances qu'au risque de leurs fortunes et de leurs vies, ils s'efforceront, conjointement et séparément, de supprimer et d'éteindre entièrement cet esprit de sédition qui s'est emparé de certains cercles de ce district.

Par ordre de l'Association,

Thomas DUNN, Président.

RÉPONSE DE SON EXCELLENCE.

Québec, ce 30 Juin 1794.

MESSIEURS,

Je ne puis qu'approuver le zèle que vous avez fait paraître par cet acte d'association, et la manière distinguée dont vous avez témoigné votre loyauté en vous joignant, pour désabuser les personnes qui, dupées par les artifices et intrigues de gens fourbes et traîtres, ont été induites à adopter des principes qui tendent à la subversion de tout ordre social, et à faire naître dans les esprits une aversion pour notre heureuse forme de gouvernement, sous laquelle seule ils peuvent vivre en parfaite sûreté, etc.

GUY, lord Dorchester.

Québec, de l'Imprimerie royale.

Je suis fermement convaincu que ces moyens seront toujours victorieux partout où il sera nécessaire de les employer, et je crois que l'on ne peut se dispenser d'y avoir recours dans les états d'un souverain en guerre avec les républicains français; car ceux-ci usent, dans cette circonstance, avec bien de l'adresse, de tout ce qui peut corrompre, et les exemples trop fréquens de succès provoquent des peines à infliger aux fonctionnaires qui auront faussé leurs sermens, en se dévouant à un gouvernement ennemi. Ces peines, selon moi, doivent être la peine de mort pour ceux-là, et la déportation pour tout autre individu qui aurait annoncé des sentimens de démocratie. Je désirerais cependant qu'au préalable il y eût une déclaration du souverain, par laquelle il accorderait un certain temps à tous ceux entachés de cette opinion, pendant lequel ils pourraient sortir de ses états et emporter leur avoir. Le terme écoulé, tous ceux qui, par leur conduite, prouveraient une connivence avec l'ennemi, seraient déportés, avec confiscation de leurs biens au profit du canton et des troupes qui s'y trouveront. Toutes les occasions qui pourront séparer l'habitant du soldat, doivent être saisies avec empressement.

Ce concours de moyens, dans quelque circonstance que puisse se trouver un pays, le préservera infailliblement de révolte.

La clémence n'a point réussi à Louis XVI; la grandeur d'âme et la modération dont les royalistes ont usé lorsqu'ils ont triomphé des jacobins, leur ont été funestes ; c'est une guerre à mort que ces jacobins ont déclarée ; c'est au moyen de cette guerre qu'ils ont érigé ce colosse républicain cimenté de sang et de cendre, et qui n'est réellement qu'une pyramide sur sa pointe, qu'un vent violent culbutera s'il souffle du bon côté.

Renouvellement de la guerre contre Sa Majesté l'empereur d'Allemagne.

La guerre que projette le Directoire et qui va éclater de nouveau sur le continent, démontre de plus en plus son vaste plan, qui s'exécute presque sans obstacles, quoiqu'il y fasse concourir des forfaits atroces.

Chef d'un gouvernement républicain, il ne réfléchit pas que la guerre finit par détruire les républiques, que les conquêtes les corrompent, et que le soldat a déjà oublié en France qu'il est républicain.

L'habitude et les succès l'ont mis dans la main de ses chefs ; il ne connaît plus que la volonté suprême du Directoire, qui toujours sous le prétexte spécieux de maintenir la liberté, en fait l'instrument passif de sa tyrannie.

Ces effroyables tyrans, outre leur plan de républicaniser toute l'Europe à leur manière, sentent la nécessité d'occuper au dehors leurs soldats belliqueux et inquiets; ils croient ne pouvoir contenir au dedans leurs sujets qu'en leur donnant des ennemis extérieurs à combattre.

Il est dans la nature des choses que le Directoire et ses soldats trouvent leur profit à la guerre. Ses armées innombrables consolident et augmentent son pouvoir; l'ambition des chefs, l'espoir du pillage pour le soldat et le dégoût de beaucoup d'entr'eux pour la tranquille et laborieuse activité des champs et des manufactures, semblent faire de la guerre un besoin impérieux.

Voilà les motifs qui font agir une partie des armées françaises, et qui malheureusement ont toute la force nécessaire pour entraîner au combat ceux dont les goûts sont opposés et qui apportent avec eux à l'armée, l'opinion de la généralité des Français qui détestent son gouvernement.

Plus je considère le passé, plus j'examine le présent, et plus j'ai la conviction que la France marche à grands pas vers le gouvernement d'un seul. Depuis le changement que l'on y a opéré, elle a d'abord été gouvernée par des assemblées populacières, à la tête desquelles étaient des meneurs soudoyés qui ne voulaient bouleverser l'État que pour s'enrichir de ses décombres ; ces assemblées dictaient des lois et faisaient couper des têtes.

Les plus adroits de ces meneurs se sont rendus chefs des différentes factions républicaines qui ont gouverné tour-à-tour ; le comité de salut public, qui leur a succédé, s'était emparé de tous les pouvoirs ; ce comité, dont le despotisme cruel a duré près de deux ans, était composé de onze membres.

En ce moment le pouvoir absolu réside dans les cinq membres du Directoire, dont les deux plus influens ont suffisamment démontré qu'ils n'avaient en vue que le même objet (1).

L'état de guerre seul avec le gouvernement actuel, qui offre de temps à autre des chances avantageuses, peut rendre à Sa Majesté l'Empereur les pays dont les habitans n'ont cessé de lui être fortement attachés.

L'état violent que produit la guerre dans une république dont le système naturel est la modération, procurera des chances qu'on aura sans doute calculées et dont on aura appris à profiter.

Ces cinq membres, inquiets, persuadés qu'ils ne trouveraient pas une terre hospitalière s'ils

(1) Merlin et Barras.

étaient déplacés par la force, sacrifient à leur juste crainte l'intérêt général du peuple qu'ils gouvernent. Ennemis du genre humain, au mépris des traités, ils asservissent continuellement des nations et provoquent sans cesse un souverain occupé du bonheur de ses sujets dont il a abandonné une portion pour épargner à l'autre les maux que le corps social souffre du fléau de la guerre.

Sans doute que tout bon et fidèle sujet de Sa Majesté l'Empereur va obéir à la voix de la patrie que l'on menace d'opprimer; tout âge, tout sexe a dans ce moment des devoirs à remplir; s'ils sont animés du désir de la préserver de ses ennemis et des maux innouïs qui les accompagnent, j'aperçois que partout ils feront une défense opiniâtre.

Les armées autrichiennes ont des qualités excellentes qui devraient faire prévaloir l'art qu'elles mettent dans leurs campemens, l'économie qu'elles apportent dans les consommations, et les avantages que leur procure la connaissance du terrain. Elles ont porté cette connaissance au plus haut degré de perfection; aucune armée ne la possède au même point; aucune armée n'est composée de soldats plus valeureux.

L'Europe sait bien apprécier les qualités de

grand général que l'Archiduc joint à ses vertus bienfaisantes, et le mérite des différens généraux qui ont bien servi dans cette guerre.

Quelles peuvent être les causes de la lenteur ou du non-succès dans les opérations sagement combinées? Elles proviennent souvent de ce qu'on n'a pu prévenir ses ennemis, ou profiter de ses avantages; on en accuse les différens agens du commissariat qui n'exécutent pas exactement les ordres du général, ou qui n'entrent pas assez dans ses vues. Une circonstance remarquable, et qui fournit la preuve de ce que j'avance, c'est la lettre de M. Meslas au général major Dumesel, du quartier-général de Turin, par laquelle il se plaint que ce dernier n'a pas fait approvisionner les magasins d'Alexandrie et de Turin. Effectivement on avait mis les munitions dans des places moins fortes; elles furent prises par les Français. Cette lettre est du 5 juin 1800.

Je ne passerai pas sous silence ces abus passagers, mais dont les suites peuvent influer sur des corps considérables, comme l'absence volontaire de plusieurs officiers de leurs corps au moment des actions.

Lorsque le général Krai prit le commandement de l'armée de l'Archiduc, en mars 1800, en Souabe, il donna l'ordre à messieurs les officiers de l'armée qui étaient absens par congé, de rejoindre sans délai; il enjoignit à ceux qu'une maladie réelle ou tout autre défaut corporel avaient déjà, depuis un certain temps, éloignés de l'armée, de faire connaître les raisons qui les empêchent de répondre à la voix de l'honneur et du devoir.

Beaucoup de personnes bien dignes de foi m'ont aussi assuré que quantité d'officiers, même dans les grades supérieurs, avaient professé les opinions républicaines, et vivaient avec leurs partisans dans tous les lieux où ils se trouvaient: ceux-ci sont aussi faciles à connaître par leur conduite avec le soldat.

Comment laisse-t-on ignorer aux généraux ces espèces de malveillance? L'ordonnance de campagne de l'armée autrichienne a bien prévu ces abus, et la législation militaire ne permet pas de propos qui puissent conduire à la révolte (1).

Les combinaisons que produit une bonne théorie de la vaste science de la guerre, ont sou-

---

(1) On fit au commencement de la campagne de 1799, dans les armées d'Italie, un grand remplacement d'officiers de tous grades; pourquoi a-t-on tardé cinq ans à reconnaître la cause de bien des défaites?

vent épargné le sang des hommes; les républicains ont fait de cette science un système destructif; ils ne cherchent la victoire que dans des flots de sang; elle appartiendra donc au général qui en sera le moins avare! Par quel fatalité les armées autrichiennes, ayant moralement une grande supériorité, des soldats plus dociles, et des chefs pénétrant froidement tout stratagème, n'ont-elles pas toujours battu leurs ennemis? Les surprises, côté faible des républicains qui n'a pu leur échapper, déconcertent ces républicains; ils ne peuvent prendre les mesures nécessaires pour combattre; leurs généraux, leurs officiers, croyant voir toujours des trahisons, perdent la tête; les soldats, qui n'aiment point à se battre pour soutenir en place les tyrans de la France, profitent de l'embarras de leurs chefs pour fuir, et la plus grande partie de ceux qui composent l'armée républicaine, n'en laissera jamais échapper les occasions.

Il me paraît qu'il faudrait abandonner certaines règles de cette vaste science de la guerre, pour la rendre plus analogue à l'espèce d'homme que l'on a à combattre, etc.

Je suis convaincu que sur trois fois que cette armée sera attaquée, elle sera battue deux fois; mais que marchant à l'ennemi, elle sera victorieuse en raison de sa fougue et de son impétuosité.

Je suis convaincu que des attaques de nuit sur les flancs par la cavalerie, mettront le désordre dans l'armée républicaine, et qu'elles procureront de grands avantages si l'on doit combattre le lendemain.

Il est beaucoup d'autres combinaisons que peuvent également méditer tous ceux qui examineront les événemens passés, comme d'aller à la rencontre de l'ennemi avec un front préparé; et, lorsqu'il marche, provoquer des mouvemens et diverses mesures de circonstances que les généraux qui combattent les armées républicaines ont eu bien mieux que moi la facilité de connaître.

Je rentrerais dans le sujet de mes réflexions en traçant les idées que la guerre qui doit recommencer, m'a inspirées pour en accélérer la fin.

Le plus pressant dans ce moment est la diversion que peuvent opérer les habitans des Pays-Bas, dont les deux tiers *sont anti-républicains.*

Diversion puissante que peuvent faire les Belges, s'ils sont aidés.

L'espèce de force militaire des habitans d'un pays, sans la comparer à celle des armées, et sans lui donner de supériorité, a des ressources incalculables ; cette armée est partout ; elle enveloppe par sa nature tout ce qu'elle doit attaquer ou prendre ; elle n'a pas besoin de tous les attirails de guerre, de campement ; elle ne peut manquer de vivres, chaque habitant a son petit magasin caché ; il en porte avec lui s'il croit n'en pas trouver chez ceux de son parti ; elle est toujours prête à marcher au premier signal. Si la première ligne de village ne suffit pas, on y joint la seconde et la troisième, et autant que les forces de l'ennemi l'exigent ; éparpillée dans le pays, elle devient très meurtrière : l'opinion et la vengeance qui l'ont créée ne laissent pas le loisir de calculer les dangers.

Les actions innombrables de valeur des habitans qui composaient la Vendée, et le genre de guerre qu'ils ont employé, prouvent bien ce que j'avance. Plus de cent trente mille républicains ont péri dans cette guerre. Un an après l'arrivée en poste des quatorze mille hommes qui formaient la garnison de Mayence, le général Canclaux, qui est venu commander les républicains, en chercha vainement dans cette armée, il n'y put retrouver un seul soldat de cette garnison.

Plusieurs circonstances étrangères se réunirent pour engager les chefs de la Vendée à traiter avec le comité de Salut public qui leur avait fait faire des propositions ; ils donnèrent dans ce piège, il fut stipulé :

1°. Que tous les pays insurgés s'administreraient conformément aux anciennes lois;

2°. Que le Dauphin leur serait remis;

3°. Que ces pays ne fourniraient pas d'hommes de réquisition, seule clause qui fut observée; le Dauphin fut empoisonné peu de temps après, et la nouvelle administration fut introduite dans le pays. Les chefs de la Vendée qui, sous la foi du traité, n'avaient conservé qu'une troupe de cavalerie, furent enveloppés, pris et fusillés.

Les Belges n'ont pas moins de valeur; la religion de leurs pères et le désir de rentrer sous la domination de l'Empereur, leur feront tout entreprendre, s'ils sont sincèrement aidés, et ils deviendront très utiles à l'exécution des plans de cette guerre.

Les secours dont ils peuvent avoir besoin, consistent en armes et munitions de guerre; il faut qu'ils aient dans une pareille entreprise des officiers expérimentés, instruits du plan général, pour diriger leurs opérations; ceux dont le genre de service leur serait le plus nécessaire, ce sont des officiers de génie et d'artillerie.

Je sens bien que l'on peut m'objecter que l'artillerie autrichienne n'en peut fournir aujourd'hui; qu'une guerre dans laquelle se sont succédé continuellement des combats opiniâtres, a consommé beaucoup d'artilleurs dans cette armée; il n'est pas douteux que cette troupe perd beaucoup plus d'hommes, en proportion, que les autres. Je sais qu'à la fin de la dernière campagne, l'artillerie autrichienne ne pouvait plus attacher à ses batteries que des hommes instruits méthodiquement, et qu'elle manquait principalement de bons pointeurs. Attentif à tout ce qui s'est passé, j'ai fait questionner des chefs de corps républicains sur les opérations des dernières campagnes; ils ont assuré que dans les dernières affaires ils ont parfaitement remarqué que cette artillerie ne pointait plus avec la même justesse, ne mettait plus la même célérité dans la charge, ne plaçait plus aussi artistement ses batteries, et que, dans les dernières batailles, elle avait eu très peu d'effet. En conséquence, je ne puis solliciter pour aller au secours des Belges, des officiers de cette arme, devenus indispensables à leurs corps. Mais habitué à méditer sur tout ce que je crois pouvoir devenir avantageux à cette juste guerre, j'ai imaginé de proposer le rassemblement des officiers d'artillerie, qui, ayant quitté la France en 1792, par aversion pour le nouveau gouvernement, ont fait cette campagne et bien prouvé leur conduite; ces officiers attendent depuis lors quelques circonstances qui leur rendent leurs grades. J'ai vu également des sous-officiers et soldats de ce corps que le même motif a expatriés, et qui travaillent chez des gens de métier le plus analogue à leur instruction.

Je crois fermement que si S. M. l'Empereur ordonnait la levée d'un bataillon d'artillerie et que l'on y admît ces officiers et tous les jeunes gens de la Belgique qui se présenteraient, et dont il y a un grand nombre en Westphalie, ce bataillon ne tarderait pas à être complet, et à pouvoir détacher des gens bien exercés qui fileraient dans les Pays-Bas.

Il s'est établi en moi la plus grande confiance dans les uns et dans les autres; tout officier français dans le cas ci-dessus, qui sera employé, doit rendre de bons services; leur animosité contre la république ne peut se mesurer. Quant à leur probité, ils en ont donné des preuves en abandonnant leur patrie, leur fortune, et tout ce que l'homme peut avoir de plus cher au monde, pour prendre et défendre la cause des souverains. Certes, ils eussent tout conservé s'ils avaient endossé la livrée républicaine; et si la noblesse française avait donné tout autre exemple, en se rangeant du parti révolutionnaire, où en serait l'Europe actuellement?

On peut se flatter que les Belges opèreront une puissante diversion, si on leur donne des secours suivis; les insurrections contre le gouvernement qu'ils détestent, peuvent se communiquer et être imitées par les provinces voisines de la France et de la Hollande, et abattre en un instant le colosse républicain.

Mais il faut ajouter à leurs moyens ceux qu'ils ne peuvent pas se procurer; ils manquent d'officiers instruits des grands mouvemens de corps: je ne leur désirerais que quelques chefs par département et quelques officiers par canton, parce qu'il est possible que des succès forment des corps considérables des jeunes gens de réquisition du pays et des déserteurs français. Ces officiers supérieurs organiseraient, autant que l'état des choses le permettrait, des cadres d'officiers qui commanderaient dans les insurrections les habitans des départemens où ils seraient envoyés; ils recommanderaient dans les choix les individus qui ont montré dans les dernières affaires de la bravoure et de l'intelligence.

Ces officiers existeront dans leurs différens arrondissemens avec sécurité; car on n'a rien à craindre lorsqu'on a les habitans pour soi.

L'espèce de guerre qu'ils doivent faire actuellement ne demande pas qu'ils soient continuellement assemblés en corps d'armée; il suffit qu'il y ait quelques chasseurs qui puissent avertir les chefs de ce qui se passe, leur servir de garde en cas de besoin, les chefs ne devant pas avoir de domicile fixe : ces chasseurs seront aussi utiles pour porter des ordres aux différens rassemblemens, qui ne doivent se faire que pendant la nuit, afin que les malveillans ne les reconnaissent pas.

Je proposerais encore que l'on donnât à un général le soin de leur fournir tout ce qui serait mis à sa disposition par les Anglais; il serait le régulateur, autant que les circonstances le permettraient, des opérations générales; il se tiendrait à portée des côtes, sur une frégate, d'où il pourrait former ses plans, garder auprès de lui tous les papiers, afin qu'il n'y en eût aucun sur le continent qui pût donner aux ennemis connaissance des *choses et des individus employés à cette guerre.*

Il se porterait à l'endroit de la côte le plus propre à l'exécution de ses plans, qu'il pourrait combiner avec ceux des Anglais, dans le cas de débarquement.

Ce général, au service de l'Empereur, dissiperait la défiance que les Anglais ont inspirée, et que l'on croit avoir bien des motifs d'accréditer.

Je suis persuadé que le général et les officiers peuvent, deux mois après leurs nominations, avoir organisé tous les moyens d'insurrection et contribuer à faire obtenir des succès dans cette guerre, et que bientôt les républicains seraient forcés de se rassembler sur leurs frontières, s'ils éprouvaient une déroute sur les bords du Rhin.

Je n'oserais espérer tant de prodiges, si je ne me représentais tout ce qui s'est passé à la Vendée, qui s'est soutenue pendant trois ans, sans le concours des choses que je réclame, contre 120 mille hommes de troupes républicaines.

Outre les moyens que je viens de mettre sous les yeux et qui peuvent fixer l'attention de Sa Majesté l'Empereur, il en est un qui agit victorieusement sur les hommes; son effet peut être prolongé pendant quelques années.

Ce ressort est d'autant plus nécessaire, que l'on n'en a presque plus d'autre aujourd'hui. Les prodiges qu'a opérés autrefois la religion, la philosophie en a tari toutes les sources; elle a fait naître l'infâme égoïsme et ne nous a laissé d'autre véhicule que l'intérêt particulier, qui domine cette génération actuelle. Maudit intérêt! soyez donc, puisqu'il le faut, le conservateur des monarchies, comme vous avez été le créateur de cette république dévastatrice. Le papier-monnaie que j'ai proposé plus haut deviendra, entre les mains du porteur, le lien qui l'attachera à son gouvernement, comme les assignats l'ont été en France. Celui qui les possédait faisait des vœux pour le maintien de la puissance qui les avait fabriqués et qui devait en donner la valeur en biens dits *nationaux*.

Cette création de papier-monnaie sera une ressource prompte et sans doute efficace pour le souverain obligé de soutenir une guerre contre les républicains. Ce papier aura sur les assignats tous les avantages que les républicains font annoncer aux pays qu'ils veulent dévaster.

Il circulera avec confiance, ayant un gage réel, c'est-à-dire une hypothèque sur les biens du souverain; biens que l'on pourrait acquérir et qui seraient vendus publiquement en autant de petites portions que les localités le permettraient. Aucun ordre dans l'Etat ne refuserait sa sanction à cette mesure, si les lois le prescrivaient; car il s'agit de sauver l'Etat. D'ailleurs ces aliénations seraient avantageuses à la population, à la culture et à l'industrie : le bien donné à ferme s'amoindrit toujours entre les mains cupides du fermier; le bien patrimoine s'améliorera : les abus qui règnent dans l'administration des biens du domaine du souverain font qu'il n'en tire pas toute la valeur et tout le produit; un particulier serait assujetti aux charges et impositions; on pourrait même grever chaque portion de bien d'une rente foncière envers l'Etat; tous les domaines aliénables seraient évalués d'après le prix actuel des biens voisins; la somme de l'évaluation pourrait être doublée en papier-monnaie; l'augmentation des richesses en circulation augmenterait de moitié la valeur des biens à vendre; un an après que ce papier serait en circulation, il serait fait des ventes tous les huit à dix jours, dans les principales villes.

Tout employé, civil ou militaire, recevrait la moitié de ses appointemens en papier-monnaie; outre la gloire et l'honneur, qui doivent être les principaux mobiles de l'officier, il s'intéresserait par un motif particulier à la conservation de l'Etat devenu son débiteur, ou duquel il aurait acquis un bien.

Le soldat, dont cette mesure peut faire augmenter la solde, recevant une partie de cette solde en papier-monnaie dont il pourrait se passer dans ses besoins journaliers, convoiterait de suite des portions de domaines qui se trouveraient dans les environs de sa demeure; le soldat étranger au pays concevrait l'espérance de pouvoir se procurer une petite propriété, et s'y attacherait.

Tout paiement devra s'effectuer moitié en espèces et moitié en papier-monnaie; tout habitant qui posséderait ou du papier-monnaie ou des biens, serait également forcé d'être attentif au maintien de l'ordre.

Je ne prévois pas que ce papier puisse diminuer la valeur de celui qui est déjà en circulation, ayant une hypothèque particulière; d'ailleurs, si cela arrivait, il y a une opération qui la lui rendrait. Combien d'Etats ce moyen n'a-t-il pas soutenus et même créés? Les Etats-Unis de l'Amérique lui doivent leur existence, et l'Angleterre aurait déjà succombé, si les ressorts de tout genre qu'a employés le Directoire n'avaient été comprimés par l'intérêt qui attache l'anglais a son gouvernement, dont tous sont créanciers. Voilà ce qui a doublé leur énergie et provoqué les sacrifices que chacun a faits journellement.

Moyens diaboliques dont le Directoire s'est servi.

J'ajouterai encore aux moyens connus employés avec succès par les gouvernans de France, celui qui leur a réussi dans différentes occasions, et que m'a confié un fournisseur d'eau-de-vie.

Cette liqueur, qu'on distribue aux troupes pour réparer les forces du soldat après quelques marches forcées, soutient son courage s'il doit attaquer. Enivrer l'homme avec cette boisson, serait se priver des services qu'il doit rendre; on n'atteindrait pas le but que les gouvernans se proposent : leur raffinement pervers en tout point leur a fait connaître la graine de jusquiame qu'ils ont fait entrer dans la distillation de l'eau-de-vie. Le suc de cette graine anodine et vénéneuse, et dont on ne s'était servi jusqu'alors que pour l'extérieur du corps humain, opère des effets prodigieux; elle stimule les forces de l'homme et le rend, pour ainsi dire, enragé dans un combat : il ne connaît plus de dangers. L'effet en est bien plus terrible que celui du salpêtre et de la poudre que le soldat a mêlés quelquefois avec l'eau-de-vie en pareille circonstance. On m'a certifié que l'on avait distribué de cette boisson au moment des opérations très difficultueuses et qui auraient rebuté le soldat de sang-froid.

On n'en finirait pas s'il fallait faire l'énumération des ruses diaboliques et des crimes secrets, auxquels ce gouvernement, ennemi de l'humanité, a recouru pour satisfaire son ambition désorganisatrice, depuis qu'il avait usé toutes celles qui avaient égaré l'opinion publique.

Dernières ressources du Gouvernement de la France.

Il compte encore sur bien des ressources, et voici son calcul : un décret a divisé tous les Français capables de porter les armes, en trois classes de conscrits; un autre décret a rendu tous les Français soldats; de façon que le Directoire aurait à disposer de plus de quatre millions d'hommes qui composent ces classes, et qu'il peut envoyer individuellement à ses armées et encadrer successivement dans les corps livrés à des chefs qu'il nomme. Ces conscrits sont trompés continuellement par les journaux perfides qu'il leur fait distribuer; ils sont observés par des étrangers affidés dont le nombre est très considérable, et qui ont une grande partie des places d'officiers; ramenés sans cesse par eux à une obéissance aveugle pour la discipline, ils se sentent entraînés par cette audace naturelle et ce sentiment de gloire auxquels le français est si sensible, et qui ont produit de tout temps des prodiges de valeur dont on a abusé pour les mener au combat dans les entreprises les plus téméraires. Il faudrait leur procurer la facilité de se soustraire à leurs chefs par des opérations combinées où ils trouveraient les occasions de les abandonner.

Il y a, dit-on, douze impôts que le Directoire fait lever rigoureusement; et quoiqu'il se plaigne de la perception pour en accroître le nombre, il entre dans les coffres de la République plus de six cents millions; les droits de timbre et d'enregistrement rendent plus d'un tiers de la somme pour laquelle ils sont portés.

Il lui reste à vendre, selon les dernières estimations dont la commission aura sans doute exagéré le montant, pour deux cent douze millions de biens soi-disant *nationaux*, les ventes ayant été ralenties en France seulement depuis la suspension d'armes et depuis qu'il a pu piller en pays étranger; dans cette évaluation ne sont pas compris les biens des inscrits sur la liste des émigrés, et qui ont été rayés provisoirement de cette fatale liste par les administrations inférieures, comme y ayant été portés mal à propos, ou qui ont pu invoquer des dispositions du code des émigrés en faveur des cultivateurs, artisans et négocians, etc. Au besoin, le Directoire maintiendra cette classe de propriétaires qui est nombreuse, et disposera de ses biens dont il se contente actuellement de séquestrer les revenus à son profit.

Il a en outre tous les bois, forêts, etc., dont on n'a encore rien vendu de considérable, et que l'on estime, y compris le sol et le bois, valoir la septième partie du territoire de la France.

On ne peut se dissimuler qu'il a encore assez de fonds pour hypothéquer une grande émission de papier à laquelle il doit avoir recours, et dont la circulation, dans un aussi grand pays, lui donnera tout le temps de vendre en petites portions ces bois, moitié en argent et moitié en papiers, ainsi que tous les moyens de repomper l'argent et d'augmenter ses partisans ; et certes, les ennemis de la marine française ne laisseront pas échapper cette occasion de détruire les forêts et d'asservir, pendant des siècles, toutes les marines du monde ; car la marine française était la seule, depuis la dernière guerre, qui rivalisât la leur.

Le mécontentement qui règne dans toutes les parties de notre pays a gagné les armées ; je suis persuadé que, dans cet état de choses, elles seront toujours battues, et que l'armée autrichienne pénétrera sans beaucoup de difficulté par les provinces qui bordent la Suisse, entre Besançon et Strasbourg ; les habitans ont, pour les maisons d'Autriche et de Lorraine, un attachement qui leur est inspiré dès leur naissance ; ils verraient avec joie les étendards de l'armée impériale, et favoriseraient de tout leur pouvoir l'entrée de ses troupes.

Je ne vois sur cette frontière, entre ces deux villes, qu'une ligne de petites places écartées qui seront défendues par des commandans qui ne seraient pas incorruptibles, sans réputation à conserver, sans fortune qui réponde de leur conduite, habitués à vendre des marchandises ou à tendre la main, et qui n'ont besoin que d'être adroitement tentés pour composer et substituer à leurs garnisons des troupes étrangères.

Il m'a paru qu'en laissant en Italie les armées de ses alliés pour contenir les Français, l'Empereur pourrait porter toutes ses forces vers le Haut-Rhin, et qu'après la conquête d'une partie de la Suisse, l'élite de ses troupes attaquant continuellement les républicains, s'ils étaient battus, comme il y a lieu de le croire, à la hauteur de ces places frontières, elle aurait toute la facilité de les disperser dans le centre de la France; les soldats retourneraient chez eux sans que l'on pût les retenir; ce qui peut se faire sur les autres frontières, particulièrement sur celles de la Flandre et du Hainault, pays rétréci et défendu par plusieurs lignes de places-fortes, où s'offrent une foule de moyens pour rassembler des armées battues, tels que des passages de rivières, des places fortifiées, etc. Ce plan, qui aurait pour but de les chasser de ces pays, consommerait un temps précieux, car on a dû se convaincre qu'ils n'en laissent pas perdre. L'armée qui ferait cette invasion dans le temps où les grains sont sur terre, serait pourvue de beaucoup de cavalerie; on pourrait, ce me semble, arranger les selles de manière à lui donner de l'infanterie légère en croupe, et la débarrasser de toute charge qui ne serait pas absolument nécessaire pour le cheval; on pourrait lui réformer les pistolets, arme sans effet: le mousqueton lui suffit; dans tous les cas où il doit faire feu, le cavalier ajuste plus sûrement avec cette arme qui a une portée plus longue. Cette cavalerie, qui aurait de l'artillerie à cheval, aurait avec elle tous les moyens de défense et d'attaque: marchant sur les flancs de l'armée, elle disperserait tous les débris de l'armée battue; les soldats et les chevaux fatigués formeraient des compagnies qui se réuniraient au corps qui assurerait les communications.

Les Anglais auraient fait préalablement des attaques sur les côtes, des démonstrations de débarquement; ils auraient mis des troupes à terre dans la Belgique; ils auraient aussi descendu sur les côtes de Normandie tous les Français qui se seraient rendus à Hambourg pour cet effet, sous le nom de réquisitionnaires fugitifs, auxquels se seraient bientôt joints ceux de cette province, ainsi que des provinces voisines qui se sont cachés, et qui ne tarderaient pas à former des corps nombreux. Sans doute que les Belges seraient aidés comme je l'ai proposé plus haut; depuis que j'ai été témoin que six cents fusils, envoyés de la Hollande en 1792 par les Princes, avaient provoqué la formation des armées nombreuses de la Vendée, je me suis persuadé que dans une guerre d'opinion aucun petit moyen ne devait être négligé.

Je puis assurer, et j'en serais caution sur ma tête, que si, au moment de cette invasion, l'Empereur fait la déclaration dont j'ai déjà parlé, il dissipera les craintes que les Français ont d'un démembrement qui favoriserait l'établissement des Anglais en France; rien, après cette défaite à la hauteur de ces places, ne disputera le terrain à son armée qui se porterait sur Paris.

Et si le Directoire s'avisait de réarmer les gardes nationales, elles tourneraient leurs armes contre ces cinq tyrans; cette armée se rendrait presque sans obstacles sur les avenues par lesquelles Paris s'approvisionne, et je ne crois pas qu'elle fût attaquée, je ne dis pas des Parisiens qui sortiraient de leur stupeur et de l'esclavage pour aller au-devant de leurs libérateurs, mais des trente mille brigands, la plupart étrangers, envoyés à Paris pour faire la révolution, qui logent dans les faubourgs Saint-Antoine et Saint-Marceau, et qui ont leurs chefs sous la main du parti jacobin du Directoire, etc. J'ai vu quarante mille gueux chassés de la Convention qu'ils cernaient, le jour que l'on appelle dans les fastes de la république le 1er. prairial, c'est-à-dire à la fin de mai 1795, par trois mille honnêtes gens qui avaient pu se rassembler et dont le triomphe fut de courte durée. Ce triomphe finit à l'époque du 13 vendémiaire, en octobre de la même année, où la partie de la garde nationale de Paris qui avait conservé des armes, fut désarmée; et depuis cette époque ces bandits continuent de contenir les habitans de Paris, qui verraient avec joie l'armée impériale les délivrer de leurs oppresseurs : cette armée serait bien reçue en France; on ne s'est pas plaint qu'elle ait fait du mal dans les pays qu'elle a occupés; ses généraux avaient conquis l'attachement des habitans. Je ne puis passer sous silence une circonstance qui prouve bien la loyauté et la délicatesse de ceux qui commandaient dans les Pays-Bas à l'époque de la bataille de Jemmapes : Mgr. le duc de Bourbon, chef d'un corps de quatre mille cinq cents émigrés, la plupart de cavalerie bonne à tous égards, campait alors près de Fleurus et désirait prendre part au combat; chaque individu demandait à voler au secours du corps autrichien qui défendait les retranchemens de Jemmapes, les généraux ne voulurent pas leur accorder cette faveur, ne pouvant, dirent-ils, sacrifier un pareil corps lorsqu'ils n'avaient pas d'espoir de vaincre, à cause des forces considérables qui étaient venues, après la retraite du roi de Prusse, de la

Champagne; cet événement doubla le courage des Français, et leur fit croire qu'on les craignait.

On donna pour consolation à ce corps, que deux compagnies de cavalerie de Flandre et d'Artois accompagneraient l'archiduchesse à sa sortie de Bruxelles jusqu'à Liège. Quel contraste de cette armée autrichienne, si on met sa conduite en parallèle avec celle des armées républicaines de la Vendée, de Toulon, de Quiberon, etc. Il doit y avoir pour les uns le plus ferme et le plus sincère attachement, et pour les autres la plus grande défiance.

L'armée du Directoire, sur le pied où il veut la mettre de cinq cent mille hommes, sa marine et ses employés administratifs, judiciaires, dont il fait suspendre les gages, ne lui coûteront pas six cent cinquante millions.

Il a bonifié la solde des troupes entretenues par les pays conquis qu'il fait piller par ses commissaires de toute manière, ce qui met à sa disposition des sommes considérables qu'il accumule pour s'en servir dans un moment de détresse, pour se maintenir en place, ou pour corrompre dans le pays qu'il veut envahir. On ne peut s'empêcher d'avouer que ces moyens physiques, et qu'il peut forcer à l'aide de son régime de terreur, sont réellement immenses; et si l'on y joint la quantité de places-fortes, de rivières et de défilés qui couvrent les pays à reconquérir et où il augmente tous les jours les obstacles, l'on doit enfin convenir qu'il peut fort bien se soutenir aussi long-temps qu'il l'a fait jusqu'à présent. Si le plan de cette nouvelle guerre consistait à chasser pied à pied ses troupes des pays envahis, ce plan lui donnerait tout le temps d'user de ses ressources, prolongerait la lutte du système démocratique contre les monarchies, et en ferait dépendre le succès d'un grand nombre d'événemens dont quelques causes imprévues peuvent changer le cours; il ferait rentrer en France les armées qui défendraient les frontières devenues aujourd'hui plus faciles à pénétrer, depuis que ce gouvernement a dispersé ses troupes; ce serait lui donner le moyen de corriger la faute qu'il a faite d'avoir étendu ses conquêtes dans un pays éloigné, peu propre à être promptement secouru, et de n'avoir pas fait lever assez de troupes par ces pays entourés de mers, sur lesquels il ne peut mettre aucune force pour défendre ou connaître les points où l'on veut débarquer, et à la conservation desquels il lui faudrait consacrer des armées nombreuses, ces pays étant toujours menacés par les armées de l'Empereur. Ce serait donc faire rentrer dans son lit ce torrent révolutionnaire, qui en s'épanchant au loin s'est affaibli, a perdu cette force que produit l'ensemble, et lui rendre son ancienne rapidité. L'envie d'aller dévaster les pays les plus riches lui a fait perdre de vue les armées autrichiennes, qui peuvent aisément se porter en Brisgaw au centre de ses armées, point qui n'est éloigné que de cent et quelques lieues du foyer révolutionnaire, où elles peuvent arriver avant qu'il puisse faire marcher les siennes.

Une longue guerre offre beaucoup de chances, et il m'a paru que celle-ci avait un peu découragé les soldats autrichiens en Italie; elle laisserait le temps au gouvernement anarchique de la France de se consolider et d'augmenter tous les jours ses partisans par la vente des biens, de gagner partout des hommes, même parmi les prisonniers de guerre auxquels il espère faire reporter dans leurs corps les opinions démocratiques. La preuve que j'en ai eue m'a fait souvent désirer que l'on n'échangeât pas les prisonniers, car il est dangereux de les faire rentrer dans les corps où il y déjà assez d'hommes naturellement enclins aux principes des républicains (1).

---

(1) J'ai su que le comte de Suvaroff avait déclaré aux troupes russes en Italie, que leur très gracieux souverain ne demanderait pas l'échange des prisonniers russes qui auraient la lâcheté de se rendre.

Les gouvernans ont quelquefois assuré à leurs généraux, qu'il y avait parmi les armées étrangères beaucoup d'officiers, et même supérieurs, qui favoriseraient leurs opérations, et je n'ai pu m'empêcher d'y croire lorsque j'ai vu rendre des corps considérables de prisonniers, composés de beaucoup d'hommes forcés de combattre contre leur opinion, comme le peuvent être les corps français. Cette conduite de leur chef aura sans doute été sévèrement punie, car il n'est point de mauvais pas dont on ne puisse se tirer; avec de l'audace tout devient possible : c'est un peu plus ou un peu moins de perte. Très souvent on peut gagner la nuit qui donne le temps d'employer les ruses nécessaires. Il serait d'ailleurs plus avantageux de perdre des hommes que de les récupérer infectés de démocratie; ce système conduirait à une mesure dont je suis bien partisan, et qui produirait, j'en suis certain, des effets avantageux; ce serait que l'on ne rendît pas les prisonniers républicains, parce que tous ceux que l'on ferait marcher malgré eux, chercheraient à se faire prendre pour ne plus servir dans la guerre.

Je suis donc éloigné de donner la préférence au plan qui paraît avoir été choisi, de faire rentrer ce torrent révolutionnaire dans ses limites en le repoussant de ses conquêtes, et de l'abandonner aux crises dont tous les élémens de contre-révolution qui existent sans doute en France, peuvent le rendre susceptible, dans l'espoir que l'opposition d'opinion créera une guerre civile qui le détruira; ce serait une des plus grandes erreurs que l'on pût faire en politique, si on n'avait pas la certitude de pouvoir donner la supériorité au parti royaliste.

Mes craintes ne se sont malheureusement que trop souvent réalisées. Il pourrait arriver à la tête de ce gouvernement, sans secousses favorables à ses ennemis, un homme qui prendrait des formes différentes et plus douces, qui ne ferait plus détester le républicanisme, qui chercherait même à faire oublier les maux que ce système a fait souffrir; il flatterait le peuple, lui rendrait des comptes, et prendrait tous les moyens de le livrer à un nouvel enthousiasme; l'intérieur gagné, tout marcherait du même pas aux armées; aguerries, comme elles le sont, elles deviendraient plus valeureuses que jamais. N'est-il pas à craindre que le parti royalite que l'on a laissé agir isolément, que même l'Angleterre a abandonné lorsqu'il avait des succès, lassé de combattre sans fruit, sans secours direct, ne voie plus d'autre moyen d'avoir la paix intérieure qu'en se réunissant à ce parti modéré, et cherche aussi le repos par des victoires au dehors; n'est-il pas à craindre que la France parvenue à un point de tranquillité après lequel tout soupire, son exemple ne séduise d'autres peuples? N'est-il pas encore à craindre que dans cette longue lutte, les gouvernans continuant d'être tirés des jacobins régicides, n'aient tout le temps de parvenir à corrompre les armées, à y faire semer des moyens de discorde, objets auxquels ils travaillent constamment? et l'on découvrira facilement qu'ils y employent des sommes, lorsqu'ils font vendre en pays étrangers des choses précieuses, comme diamans, tableaux, etc., marché qui ne laisse pas vestiges de l'exportation de ces sommes.

Toutes ces considérations m'ont fait penser qu'une invasion subite en France par des opérations qui se succèderaient avec rapidité, ne laisserait pas au Directoire le temps d'user de tous les moyens qui lui restent, et d'appeler ses armées éloignées.

C'est à Paris qu'existent les grands niveleurs qui veulent démocratiser l'Europe pour jouir tranquillement du fruit de leur pillage et de tous les crimes qu'ils ont commis; c'est de cette ville que sortent tous les moyens qu'ils emploient pour répandre leur infernale doctrine; dans ses environs sont des ateliers d'armes de toutes les espèces et des manufactures de tous les objets utiles à la guerre, et l'Europe ne sera vraiment à l'abri des maux que ce système produit, que quand cette ville sera vaincue; avec elle le seront aussi toutes les troupes répandues dans les pays conquis. Peu importe le plus ou moins de conquêtes si l'on subjugue Paris, seule ville où puisse exister le gouvernement.

Puisse la Providence éternelle exaucer les vœux ardens que je fais pour la prospérité de Sa Majesté l'Empereur et de ses armées, qui rétabliront Louis XVIII sur le trône de ses ancêtres! Je rends grâces à cette Providence divine de m'avoir rendu digne de souffrir les maux que j'ai endurés pour la meilleure de toutes les causes, celle des rois.

Je porte encore avec fierté tout le poids de mes proscriptions, et j'ai toujours été orgueilleux d'avoir marché sur les traces honorables frayées par des princes aussi vertueux que grands par leur naissance.

Malheur à ceux qui caressent les gouvernans de la France et qui voudraient y asseoir sur le trône tout autre monarque que le prince légitime (1)!

---

(1) Les preuves qui m'en ont fait concevoir la crainte sont à la vérité un peu anciennes.

COPIE de la Lettre à S. Exc. M. le baron de Thugut.

MONSIEUR LE BARON,

Je supplie Votre Excellence de vouloir bien agréer l'hommage que j'ai l'honneur de lui faire, des réflexions ci-jointes, que les circonstances actuelles et passées m'ont suggérées relativement au gouvernement français ; ce sont de bien faibles témoignages du dévouement sans borne à Sa Majesté l'Empereur, sentiment qui m'a été transmis avec l'existence, mes aïeux en ayant été constamment pénétrés pour la maison d'Autriche (1).

Je suis avec respect,

DE VOTRE EXCELLENCE, etc.

---

(1) Ce qui est constaté par diplôme des Empereurs. Charles-Quint déclara à Augsbourg, en 1550, que ma famille, par son attachement à la maison impériale d'Autriche, ses services et son antique noblesse, devait être mise au nombre des premières maisons nobles du St.-Empire, et jouir des prérogatives qui y sont attachées, ainsi que dans tous les lieux de la terre de sa domination.

RÉPONSE.

Monsieur le Comte,

Monsieur le Prince de Reuss m'a transmis le paquet que vous m'avez fait l'honneur de m'adresser en date du 19 novembre dernier, et j'ai lu avec tout l'intérêt qu'elles méritent les réflexions que vous avez bien voulu y joindre sur les circonstances du temps. Très sensible à cette marque d'attention et de votre dévouement pour la bonne cause, je vous prie, Monsieur le Comte, d'agréer mes remercîmens bien sincères, et d'être persuadé que je saisirai avec plaisir les occasions qui pourront se présenter pour vous convaincre de mon empressement et de la considération très distinguée avec laquelle

J'ai l'honneur d'être,

Monsieur le Comte,

Votre.....

Le Baron DE THUGUT.

RÉFLEXIONS

SUR L'ESPRIT PUBLIC

A L'ÉPOQUE DU CONGRÈS D'AIX-LA-CHAPELLE,

(Octobre 1818),

Adressées à Son Excell. le comte Urbna, *grand-chambellan de Sa Majesté l'Empereur d'Aútriche à Aix-la-Chapelle, qui ont été remises au Congrès.*

La France fixe en ce moment l'attention de toute l'Europe. L'évacuation de ses frontières, occupées par une partie des armées qui ont relevé le trône des Bourbons, donne l'espoir à la secte des libéraux, ou jacobins, de rétablir une république et de la rendre universelle en Europe, avec le secours de leurs partisans d'Allemagne et d'Italie.

Les libéraux anglais entretiennent une correspondance avec leurs frères du continent qui leur vantent sans cesse les avantages d'une république fédérative des états européens.

Les principaux meneurs de cette grande entreprise comptent bien que la popularité de quelques souverains facilitera l'exécution de leurs projets; ils seront favorisés en France par la clémence inouïe du Roi, clémence qu'ils attribuent à la crainte qu'ils croient lui inspirer. Ils sont d'ailleurs soutenus par des ministres qui les laissent écrire publiquement et correspondre avec les exilés. Ceux-ci, assez prudens pour ne pas se livrer aux partisans d'Allemagne, se bornent à instruire les libéraux français qui communiquent avec les libéraux allemands et italiens, par le moyen des courriers de commerce ou de commis-voyageurs.

Les concessions que les souverains feront à cette secte, quelque peu importantes qu'elles soient, l'encourageront et lui paraîtront une garantie du succès complet de ses plans.

On peut se rappeler que, de concessions en concessions, les jacobins précipitèrent Louis XVI dans un abîme, et qu'après lui avoir enlevé la couronne, ils posèrent, en criant *vive le Roi!* le bonnet rouge sur sa tête.

Ils avaient exigé de Louis XVI l'abolition de la noblesse, à qui la nation française avait confié depuis le principe de la monarchie, le dépôt précieux de l'honneur national. La noblesse prouva qu'elle était encore digne de ce dépôt, puisqu'elle préféra l'honneur aux richesses et se voua à la misère pour défendre la royauté. On a depuis oublié ses services, et elle est restée victime d'un dévouement sans bornes.

S'il arrivait, dans d'autres états, des événemens semblables à ceux qui ont eu lieu en France, la noblesse n'aurait-elle pas à craindre ce qui est arrivé aux gentilshommes-français; et alors, pour n'être pas ruinée, ne pourrait-elle pas prendre parti avec les libéraux, espérant par-là conserver le rang que donne la fortune, et se dédommager ainsi de celui que lui avaient acquis des siècles de vertus militaires.

Les souverains qui depuis peu ont accordé facilement des titres de noblesse, ont augmenté, sans s'en douter, l'animosité qui existait déjà contre un corps qu'on ne regarde plus comme le soutien des trônes, et qui servait de barrières à l'irruption des principes destructifs des monarchies.

On voit en France les principes et les hommes concourir à l'envi à une révolution nouvelle; les ministres, excepté M. le duc de Richelieu, ont été choisis parmi les révolutionnaires; les agens des différens pouvoirs sont pris dans les rangs de ceux qui ont fait partie de la secte.

Les généraux et les officiers sont tirés d'entre ceux qui ont combattu à Waterloo, à Toulouse, etc.; aussi les trois quarts des Français ont-ils grande raison de craindre que si le Roi venait à mourir, la république ne fût rétablie. D'après la liaison qui est établie entre les libéraux français et les libéraux étrangers, on peut penser que les armées républicaines n'y arriveraient plus en pillant et en dévastant, et qu'elles ne fourniraient plus aux écrivains royalistes les moyens de les faire détester.

Il y avait en pays étranger et dans les armées ennemies beaucoup de partisans de la révolution française; et si les armées républicaines s'étaient bornées à ne demander que du pain, en faisant jurer haine à la royauté, elles auraient obtenu des succès beaucoup plus durables.

Lorsque l'on observe l'esprit public qui règne dans les pays les plus peuplés de l'Europe et de l'Amérique, on ne peut se refuser d'avouer que nous sommes dans une situation plus critique et plus alarmante qu'en 1789.

Les peuples alors n'avaient point appris à raisonner; les souverains n'avaient point paru applaudir aux idées libérales; aussi les partisans de ces idées sont-ils aujourd'hui plus audacieux et plus entreprenans.

La jouissance paisible des fruits de leurs crimes

leur donne de grands moyens pour corrompre les troupes et gagner des sectateurs.

Les acquéreurs des biens d'émigrés se cotisèrent en France et fournirent au retour de Buonaparte des sommes considérables.

Personne n'ignore que les principes républicains sont prêchés partout, excepté en Espagne ; pour les répandre avec plus de sécurité, on les transmet par la méthode de l'enseignement mutuel.

Les premiers mots que les enfans entendent articuler sont ceux d'idées libérales ou républicaines.

Les administrations, composées en France d'hommes qui ont servi tous les gouvernemens, favorisent presque partout cette méthode d'enseignement.

Ce que je viens de dire de l'esprit public, en Europe et en Amérique, ne peut être ignoré des Souverains (1).

Les rois peuvent encore se préserver des maux qui menacent l'Europe ; ils le peuvent en conservant des gouvernemens absolus et les rendant autant que possible uniformes ; en ré-

---

(1) Ce qui est arrivé depuis, dans les possessions espagnoles et portugaises, avait bien été prévu.

tablissant ceux dont les formes ont été changées ; en supprimant les institutions républicaines qui mèneront toujours à cette forme de gouvernement sous lequel la France se trouve, trois ans après sa restauration, divisée en trois partis.

Celui des honnêtes gens, appelés *Ultra*, qui désire le repos par le rétablissement de l'ancienne constitution monarchique ; celui des *Constitutionnels*, qui est soutenu des ministres et de tous les acquéreurs de biens nationaux ; et celui des *Libéraux* ou *Jacobins*, qui ne trouve pas la charte assez libérale.

Il me semble que dans l'état actuel des choses, les souverains devraient restreindre le nombre de leurs troupes proportionnellement à celui des officiers nobles ; car ce n'est qu'à ces officiers seuls qu'ils peuvent les confier en ce moment. On peut se rappeler que ce sont les libéraux qui ont sollicité en France la conscription, et les deux cent quarante mille hommes sur le pied de paix.

Il serait donc de la plus haute importance que toute la noblesse riche entrât au service des souverains. Il y a des circonstances qui peuvent devenir décisives. Les sacrifices pécuniaires envers le soldat et le peuple, peuvent faire rétrograder les esprits.

Je proposai à M. le baron de Thugut, dans un temps où les têtes penchaient au républicanisme, entre autres moyens, celui de former des sociétés royalistes sous les titres de sociétés littéraires, d'agriculture, de bienfaisance, de la vertu, etc. Elles remplirent parfaitement l'objet qu'on s'en était promis; elles firent tête aux sociétés révolutionnaires, en préservant l'Allemagne du républicanisme que la religion luthérienne favorise.

Nota. A la suite de ce mémoire, M. de Beauvois joignit une lettre à M. le comte d'Urbna, dans laquelle il lui disait que dans l'état où étaient les choses, l'expérience semblait n'avoir plus aucun pouvoir sur les hommes; que les meilleurs esprits étaient eux-mêmes attaqués de la lèpre morale qui paraissait répandue partout; il en citait pour preuve cet engoûment presque général pour le système représentatif, qui doit mener au but où tendent les républicains, celui de faire de l'Europe une grande confédération républicaine. Il lui rappela que le plan d'association dont son mémoire à M. le baron de Thugut faisait mention, avait sauvé l'Allemagne des principes révolutionnaires que les Français faisaient prêcher; et que le papier-monnaie qu'il avait proposé en 1798, avait été adopté en 1813 par la Prusse et par les princes voisins, qui se lièrent avec elle pour résister aux envahissemens de Buonaparte. Cette lettre contenait en outre des notes qui servirent à découvrir toutes les correspondances des Anglais avec l'Allemagne et l'Italie, par les arrestations qu'elles provoquèrent.

COPIE de Pièces à l'appui du Mémoire.

(N°. 14.)

Je vous rends bien des grâces, Monsieur le Comte, des deux ouvrages que vous avez eu la bonté de me communiquer. Je vous demande pardon d'avoir ajouté encore à celui des embellissemens, qui m'a paru fait à merveille; il mériterait d'être mis sous les yeux de S. M. l'Empereur, surtout dans ce moment-ci où l'on travaille.

Recevez, je vous prie, les assurances du parfait attachement et de la considération avec laquelle

J'ai l'honneur d'être,

MONSIEUR LE COMTE,

Votre très humble et très obéissant serviteur.

Signé LE MARÉCHAL PRINCE DE LIGNE.

1er. Février 1811.

NOTE qui se rapporte à la page 13, et qu'on a oublié d'indiquer à l'impression.

M. De Thieffries-Beauvois, qui prévoyait la révolution dès l'année 1787, fut encore plus convaincu de la nécessité de s'y opposer lorsqu'il lut, à la fin de 1788, le mémoire que Monseigr. Comte d'Artois, aujourd'hui Charles X, présenta à Louis XVI, son frère, contre le projet de la double représentation du tiers-état à l'assemblée des États-Généraux. Ce mémoire, qui fut souscrit par le Prince de Condé, les Ducs de Bourbon et d'Enghien, et par le Prince de Conti, est une pièce historique qu'on ne saurait trop rappeler, parce qu'elle renferme la prédiction la plus frappante de tous les maux que nous avons éprouvés. Nous avons donc cru devoir la rapporter ici en entier.

MÉMOIRE DES PRINCES,

PRÉSENTÉ AU ROI A LA FIN DE L'ANNÉE 1788.

Lorsque Votre Majesté a défendu aux Notables de s'occuper du mémoire que leur avait remis M. le Prince de Conti, Votre Majesté a déclaré que les Princes de son sang devaient s'adresser directement à elle, et qu'elle les entendrait toujours avec plaisir quand ils voudraient lui dire ce qui peut lui être utile.

Le Comte d'Artois, le Prince de Condé, le Duc de Bourbon, le Duc d'Enghien, le Prince de Conti, croient de leur devoir de répondre à cette invitation de Votre Majesté.

C'est en effet aux Princes de votre sang, qui par leur rang sont les premiers de vos sujets, par leur état sont vos conseillers-nés, par leurs droits sont intéressés à défendre les vôtres; c'est à eux surtout qu'il appartient de vous dire la vérité, et ils croient vous devoir également le compte de leurs sentimens et de leurs pensées.

Sire, l'État est en péril; votre personne est respectée; les vertus du Monarque lui assurent les hommages de la nation; mais, Sire, une révolution se prépare dans les principes du gouvernement; elle est amenée par la fermentation des esprits. Des institutions réputées sacrées, par lesquelles cette monarchie a prospéré pendant tant de siècles, sont converties en questions problématiques, ou même décriées comme des injustices.

Les écrits qui ont paru pendant l'assemblée des notables, les mémoires qui ont été remis aux Princes soussignés, les demandes formées par diverses provinces, villes ou corps, l'objet et le style de ces demandes et de ces mémoires, tout annonce, tout prouve un système d'insubordination raisonné et le mépris des lois de l'État. Tout auteur s'érige en législateur; l'éloquence ou l'art d'écrire, dépourvus d'études, de connaissances et d'expérience, semblent des titres suffisans pour régler la constitution des empires. Quiconque avance une proposition hardie, quiconque propose de changer les lois, est sûr d'avoir des lecteurs et des sectateurs.

Tel est le malheureux progrès de cette effervescence, que les opinions qui auraient paru, il y a quelque temps, les plus répréhensibles, paraissent aujourd'hui raisonnables et justes;

et ce dont s'indignent aujourd'hui les gens de bien, passera peut-être dans quelque temps pour régulier et légitime. Qui peut dire où s'arrêtera la témérité des opinions? Les droits du trône ont été mis en question; les droits des deux ordres de l'État divisent les opinions; bientôt les droits de la propriété seront attaqués; l'inégalité des fortunes sera présentée comme objet de réforme. Déjà on a proposé la suppression des droits féodaux, comme l'abolition d'un système d'oppression, reste de barbarie (1).

---

(1) Cette féodalité, contre laquelle on s'est tant récrié, se bornait à des reconnaissances seigneuriales, connues sous diverses dénominations, et qui partout se faisaient en argent ou en nature. Les corvées n'existaient plus. Le droit de main-morte, qui consistait à prendre, à la mort d'un vassal, quelques objets de sa succession mobiliaire, n'existait plus de même. La banalité des fours et des moulins à farine était un droit acquis par des conventions entre un seignenr et les habitans; elle avait pour cause l'érection d'un moulin ou la construction d'un four, ou l'entretien de l'un ou de l'autre.

Depuis Pharamond, et sous la seconde race de nos Rois, il y avait trois espèces principales de propriétés territoriales, les terres saliques, les terres allodiales et les fiefs. Les terres saliques furent données par les chefs des Francs, à titre d'hérédité et à la charge du service militaire; du reste, elles étaient exemptes de tout tri-

C'est de ces nouveaux systèmes, c'est du projet de changer les droits et les lois qu'est

---

but (*). Les terres allodiales étaient des propriétés accordées par les Romains avant la conquête des Francs, et maintenues par les chefs des Francs depuis la conquête, sans aucune charge ni tribut. C'est de cette exemption de charge que les terres prirent le nom de *franc-aleu*.

Les fiefs étaient des biens donnés comme récompense à des officiers militaires ou civils. Ils étaient possédés à vie, et à la charge par les possesseurs de combattre pour le Roi, sous peine de confiscation. Les feudataires devinrent des seigneurs sous la seconde race. Ces seigneurs firent des inféodations, c'est-à-dire, qu'ils accordèrent des portions de leur fief à des compagnons d'armes, sous la condition que ceux-ci les suivraient à la guerre. Ces inféodations prirent le nom d'*arrières-fiefs*. Les feudataires firent encore des concessions de petites parties de terrain, à charge de quelques sous de rente annuelle, ensuite à charge de volaille, puis à charge de grain, suivant que les propriétés augmentaient de valeur par la culture et par la multiplication des cultivateurs. Ces charges étaient ce que l'on appelle des *cens* ou *redevances*. Il s'en faisait aussi à condition que le petit propriétaire donnerait à son seigneur tant de journées de travail : c'est ce qu'on a nommé *corvée*. On lit dans les manuscrits de plusieurs

(*) L'étymologie du terme *salique* est attribuée, par les uns, au mot *salle*, partie de la maison où les seigneurs saliens rendaient la justice; par les autres, à la rivière *saale*, sur les bords de laquelle habitaient les Saliens, peuple le plus considérable des Francs.

sortie la prétention qu'ont annoncée quelques corps du tiers-état d'obtenir pour cet ordre

---

abbayes des Pays-Bas, des titres d'inféodation et de vente de portions de biens dans l'acte desquels le seigneur se réservait le droit de chasse et de plantation sur les chemins. Il se forma ainsi une hiérarchie de vassalité qui avait plusieurs degrés, en descendant depuis le Roi, premier seigneur suzerain, jusqu'aux arrières-vassaux. Cette hiérarchie avait l'avantage de lier et d'attacher tous les propriétaires de fiefs et d'arrières-fiefs, et tous les vassaux et tenanciers à leurs seigneurs suzerains. Le service militaire, qui était d'obligation pour tous, devint la source de la noblesse. Tous les hommes d'armes ou gens-d'armes étaient gentilshommes sous Louis XII ; ils étaient formés en compagnies d'ordonnance, et leur nombre s'élevait à 18 ou 20 mille hommes. Tous n'étaient pas de race noble ; il suffisait de tenir un fief noble pour être obligé de suivre son seigneur suzerain à la guerre. La noblesse de race et la noblesse de fief portaient également le titre de gentilhomme. Ces deux espèces de noblesse subsistèrent jusqu'au règne de Henri III, qui supprima en 1570 la noblesse acquise par la possession d'un fief noble. Un édit de Henri IV ne reconnut que la noblesse issue de race noble ou accordée par lettres-patentes du Souverain, ou acquise par un office auquel la noblesse était attachée. Louis XV rétablit la noblesse militaire en faveur des descendans de trois chevaliers de Saint-Louis.

Les droits féodaux, comme on vient de le voir,

deux suffrages aux États-Généraux, tandis que chacun des deux premiers ordres continuerait à n'en avoir qu'un seul.

Les Princes soussignés ne répèteront pas ce qu'ont exposé plusieurs bureaux, l'injustice et le danger d'une innovation dans la composition des États-Généraux ou dans la forme de les convoquer; la foule de prétentions qui en résulteraient, la facilité si les voix étaient comptées par tête et sans distinction d'ordre, de compromettre, par la séduction de quelques membres du Tiers-État, les intérêts de cet ordre, mieux défendus dans la constitution actuelle; la destruction de l'équilibre si sagement établi entre les trois ordres, et de leur indépendance respective.

Il a été exposé à Votre Majesté combien il est important de conserver la seule forme de convocation des États-Généraux qui soit constitu-

---

n'étaient donc point des actes d'oppression; ils étaient le résultat de conventions faites entre des particuliers, et telles qu'on en fait encore aujourd'hui dans les actes de rentes foncières. Ce fut par suite de ces conventions que les fiefs furent cultivés et améliorés, et parvinrent au point où nous les voyons encore. La suppression de ces droits ou conventions fut donc une injustice, un vol fait aux propriétaires de la France.

tionnelle; la forme consacrée par les lois et par les usages; la distinction des ordres, le droit de délibérer séparément, l'égalité des voix, ces bases inaltérables de la monarchie française. On n'a point dissimulé à Votre Majesté que changer la forme des lettres de convocation pour le Tiers-État seul, et appeler aux États-Généraux deux députés de cet ordre, même en ne leur donnant qu'une voix, comme par le passé, serait un moyen médiat et détourné d'accueillir la prétention du Tiers-État, qui, averti par ce premier succès, ne serait pas disposé à se contenter d'une concession sans objet et sans avantage réel, tant que le nombre des députés serait augmenté sans que le nombre des suffrages fût changé.

Votre Majesté a aussi pu reconnaître que la réunion de deux députés pour former un suffrage, peut, par la diversité de leurs opinions, opérer la caducité de leurs voix, et que si la voix caduque est réputée négative, suivant l'usage admis dans les délibérations de divers corps, c'est augmenter les moyens de résistance contre les demandes du gouvernement.

Ces principes ont été développés, et leur démonstration semble portée au dernier degré d'évidence. Il ne reste aux Princes soussignés qu'à y joindre l'expression des sentimens que leur inspire leur attachement à l'État et à Votre Majesté.

Ils ne peuvent dissimuler l'effroi que leur inspireraient les succès des prétentions du Tiers-État, et les funestes conséquences de la révolution proposée dans la constitution des États : ils y découvrent un triste avenir; ils voient chaque Roi changeant, suivant ses vues ou ses affections, le droit de la nation; un Roi superstitieux, donnant au clergé plusieurs suffrages; un Roi guerrier, les prodiguant à la noblesse qui l'aura suivi dans les combats; le Tiers-État, qui dans ce moment aurait obtenu une supériorité de suffrages, puni de ses succès par ses variations; chaque ordre, suivant les temps, oppresseur ou opprimé; la constitution, corrompue et vacillante; la nation toujours divisée, et dès-lors toujours faible et malheureuse.

Mais il est encore des malheurs plus instans. Dans un royaume où depuis si long-temps il n'a point existé de dissensions civiles, on ne prononce qu'avec regret le nom de scission. Il faudrait pourtant s'attendre à cet événement, si les droits des deux premiers ordres éprouvaient quelque altération : alors l'un de ces ordres, ou tous les deux peut-être, pourraient méconnaître les États-Généraux, et refuseraient de confirmer eux-mêmes leur dégradation en comparaissant à l'assemblée.

Qui peut douter du moins qu'on ne vît un grand nombre de gentilshommes attaquer la légalité des États-Généraux, faire des protestations, les faire enregistrer dans les Parlemens, les signifier même à l'assemblée des États? Dès-lors, aux yeux d'une partie de la nation, ce qui serait arrêté dans cette assemblée n'aurait plus la force d'un vœu national. Et quelle confiance n'obtiendraient pas dans l'esprit des peuples des protestations qui tendraient à les dispenser du paiement des impôts consentis dans les États? Ainsi cette assemblée si désirée et si nécessaire ne serait qu'une source de troubles et de désordres.

Mais que Votre Majesté n'éprouve aucun obstacle dans l'exécution de ses volontés; son âme noble, juste et sensible, pourrait-elle se déterminer à sacrifier, à humilier cette brave, antique et respectable noblesse qui a versé tant de sang pour la patrie et pour ses rois, qui plaça Hugues Capet sur le trône, qui arracha le sceptre de la main des Anglais pour le rendre à Charles VII, et qui a mis la couronne sur la tête de l'auteur de la branche régnante? En parlant pour la noblesse, les princes de votre sang parlent pour eux-mêmes. Ils ne peuvent oublier qu'ils font partie du corps de la noblesse, qu'ils ne doivent point être distingués; que leur premier titre est d'être gentilhomme. Henri IV l'a dit, et ils aiment à répéter les expressions de ses nobles sentimens.

Que le Tiers-État cesse donc d'attaquer les droits des deux premiers ordres; droits qui, non moins anciens que la monarchie, doivent être aussi inaltérables que sa constitution; qu'il se borne à solliciter la diminution des impôts dont il peut être surchargé. Alors les deux premiers ordres reconnaissant dans le troisième des citoyens qui leur sont chers, pourront, par la générosité de leurs sentimens, renoncer aux prérogatives qui ont pour objet un intérêt pécuniaire, et consentir à supporter dans la plus parfaite égalité, les charges publiques. Les Princes soussignés demandent à donner l'exemple de tous les sacrifices qui pourront contribuer au bien de l'État et à cimenter l'union des ordres qui le composent.

Que le Tiers-État prévoye quel pourrait être, en dernière analyse, le résultat de l'infraction des droits du clergé et de la noblesse et le fruit de la confusion des ordres. Par une suite des lois générales qui régissent toutes les constitutions politiques, il faudrait que la monarchie française dégénérât en despotisme, ou devînt une démocratie; deux genres de révolution opposés, mais tous deux funestes. La nation a deux barrières contre le despotisme : les intérêts de Votre Majesté et ses principes; et Votre Majesté peut être assurée que de véritables Français se refuseront toujours à l'idée d'un gouvernement inconciliable avec l'étendue de l'État, le nombre de ses habitans, le caractère national et les sentimens innés qui de tout temps ont attaché eux et leurs pères à l'idée d'un souverain comme à l'idée d'un bienfaiteur.

Les Princes soussignés ne veulent pas porter plus loin ces réflexions. Ils n'ont parlé qu'avec regret des malheurs dont l'État est menacé; ils s'occuperont avec plus de satisfaction de ses ressources.

Votre Majesté s'élevant par ses vertus au-dessus des vues ordinaires des souverains jaloux et ambitieux de pouvoir, a fait à ses sujets des concessions qu'ils ne demandaient pas. Elle les a appelés à l'exercice des droits dont ils avaient perdu l'usage et presque le souvenir. Ce grand acte de justice impose à la nation de grandes obligations; elle ne doit pas refuser de se livrer à un roi qui s'est livré à elle; les charges de l'État, sanctionnées par la volonté publique, doivent être supportées avec moins de regret. La puissance royale, plus réglée et conséquemment plus imposante et plus paternelle, doit trouver de zélés défenseurs dans les magistrats qui dans les temps difficiles ont toujours été les appuis du trône, et qui savent que les droits des rois et de la patrie sont réunis aux yeux des bons citoyens.

Il se montrera encore avec énergie, ce sentiment généreux qui distingua toujours les Français; cet amour pour la personne de leurs Rois, ce sentiment qui, dans la monarchie, est un des ressorts du gouvernement et se confond avec le patriotisme; cette passion, cet enthousiasme qui parmi nous a produit tant d'actions héroïques et sublimes, tant d'efforts et de sacrifices que n'auraient pu exiger les lois.

Les Princes soussignés se plaisent à parler à Votre Majesté le langage du sentiment; il leur semble qu'ils n'en devraient jamais parler un autre à leur souverain. Sire, tous vos sujets voient en vous un père; mais il appartient plus particulièrement aux Princes de votre sang de vous donner ce titre. Vous en avez témoigné les sentimens à chacun d'eux, et la reconnaissance même leur inspire les instances qu'ils font auprès de Votre Majesté. Daignez, Sire, écouter le vœu de vos enfans, dicté par l'intérêt le plus tendre et le plus respectueux, par le désir de la tranquillité publique et du maintien de la puissance du Roi le plus digne d'être aimé et obéi, puisqu'il ne veut que le bonheur de ses sujets.

FIN.

www.ingramcontent.com/pod-product-compliance
Ingram Content Group UK Ltd.
Pitfield, Milton Keynes, MK11 3LW, UK
UKHW012220240726
13966UKWH00003B/875

9 782012 471740